Heidemarie Brosche

Warum es nicht so schlimm ist, in der Schule schlecht zu sein

Schulschwierigkeiten gelassen meistern

Kösel

FSC
Mix
Produktgruppe aus vorbildlich
bewirtschafteten Wäldern und
anderen kontrollierten Herkünften
Zert.-Nr. SGS-COC-001940
www.fsc.org
© 1996 Forest Stewardship Council

Verlagsgruppe Random House FSC-DEU-0100
Das FSC-zertifizierte Papier *Pamo Sky* für dieses Buch
liefert Arctic Paper Mochenwangen GmbH.

3. Auflage 2010
Copyright © 2008 Kösel-Verlag, München,
in der Verlagsgruppe Random House GmbH
Umschlag: fuchs_design, München
Mit Illustrationen von Björn Maier, München
Druck und Bindung: GGP Media GmbH, Pößneck
Printed in Germany
ISBN 978-3-466-30817-0

Weitere Informationen zu diesem Buch und unserem
gesamten lieferbaren Programm finden Sie unter
www.koesel.de

Für Jasmin,

mit der ich mich über das Thema »Schule«
seit Jahrzehnten leidenschaftlich austausche
und die mir sehr geholfen hat

Inhalt

Warum mir dieses Buch so am Herzen liegt   11

Wenn Schule stresst...................   19

    Schulpflicht, Schulzwang, Schulfrust –
Ein wenig Historie   20

    Schulfrust und Schulstress heute..........   22

    Warum ist es so schlimm, in der Schule
schlecht zu sein?......................   26

    Warum sind Schulschwierigkeiten für Eltern
so schrecklich?   31

Schulschwierigkeiten und ihre Ursachen   35

    Die Eigenarten schulischen Lernens   37

    Die falsche Schulart   41

    Zu wenig Förderung   45

    Teilleistungsschwächen und einseitige
Begabungen..........................   47

    Der »falsche« Zeitpunkt   48

Hilfe, unser Kind ist ein Junge! 52

Lernen ist nicht gleich Lernen 55

Zeitmanagement 56

Jeder Schüler lernt anders –
Verschiedene Lerntypen 58

»Falsche« Klasse/Schule/Lehrer 59

Probleme mit der Gruppengröße 61

Starker Individualismus 63

Motivationsverlust 64

Prüfungsangst/Prüfungsversagen 68

Zeitlich begrenzte Probleme 71

Weitere Gründe, warum es schulisch
nicht klappen kann 77

**Was die Schule an Ihrem Kind
auszusetzen hat – obwohl es fürs Leben
gar nicht so schlecht ist** 81

»Ihr Kind ist zu faul« 82

»Ihr Kind ist nicht bei der Sache« 88

»Ihr Kind schwätzt und schreit rein« 92

»Ihr Kind ist zu ruhig« 95

»Ihr Kind ist zu langsam« 97

»Ihr Kind ist frech und aufmüpfig« 101

»Ihr Kind ist zu hippelig« 103

»Ihr Kind ist albern und stört den
Unterricht« 105

»Ihr Kind kann nicht ...« 107

Was die Schule belohnt –
obwohl es fürs Leben gar nicht so gut ist 111

Dinge tun und lernen, weil sie verlangt
werden 112

Sich unkritisch in vieles fügen 114

Was die Schule auch noch belohnt 116

Was Schule alles erreichen will –
und was sie tatsächlich vermittelt 121

Wissen, Können, Bildung und Erziehung . . . 122

Was die Schule nicht fördert –
obwohl man es im Leben braucht 128

Was man in der Schule lernt –
aber im Leben nicht braucht 148

Welche Nachteile man als guter Schüler und welche Vorteile man als schlechter Schüler haben kann 155

Außenseitertum gegen Gruppen-
zugehörigkeitsgefühl 156

Erfolgs- und Leistungsdenken gegen
Bescheidenheit im Anspruch 163

Verdrängte gegen gelebte Pubertät 166

Verlorene gegen erhaltene Lernfreude 167

Nervosität gegen Gelassenheit 168

Noch ein paar Vorteile 169

Wie Eltern mit Schulschwierigkeiten umgehen können 171

Wie es schieflaufen kann 172

Wie Eltern es prinzipiell richtig machen
können 174

Keine Panik! – Was ist das Schlimmste,
das passieren kann? 178

Magische Sätze für Eltern 183

Die Quintessenz 186

Dank 189

Literatur 190

Empfehlenswertes zum Thema 191

Warum mir dieses Buch so am Herzen liegt

Warum mir dieses Buch so am Herzen liegt

Warum ich dieses Buch geschrieben habe?
Weil ich es leid bin! Ich bin es leid, zuzusehen, wie kleine und große Menschen unglücklich werden – einzig und allein deshalb, weil es mit der Schule nicht so recht klappen will. Ich bin es leid, zuzusehen und gleichzeitig zu wissen, dass die Sache all diesen Kummer nicht wert ist.

Dies war nicht immer so. Vor noch nicht allzu langer Zeit steckte ich selbst in einer der größten Krisen meines bis dahin recht angenehm verlaufenen Mutter-Lebens. Meine geliebten beiden großen Söhne, damals in der 7. und 9. Klasse des Gymnasiums, sackten recht zeitgleich in der Schule ab. Sie waren beide gute bis sehr gute Grundschüler gewesen und ihre Gymnasial-Eignung hatte außer Frage gestanden. Bei einem von ihnen kam der Leistungsabfall schleichend, beim anderen begann er über Nacht.

Für mich brach eine Welt zusammen. Ich war ratlos. Ich war unglücklich. Ich fühlte mich als Versagerin. Immerhin hatte ich mich von meiner Tätigkeit als Lehrerin beurlauben lassen, um meinen Söhnen in den ersten Jahren eine gute, eine fördernde Mutter sein zu können.

Ich hatte wirklich gehofft, vieles – wenn auch nicht alles – richtig gemacht zu haben. Und jetzt stand ich vor den Scherben.

Die Situation eskalierte damals derart, dass einer der Söhne die Schulart wechselte, der andere die Klasse an einem anderen Gymnasium wiederholte.
Dies alles liegt erst wenige Jahre zurück und es ist sicher zu früh, darüber zu urteilen, ob aus den beiden jungen Männern im »richtigen Leben« etwas werden wird. Wofür es aber – und da bin ich mir sicher – nicht zu früh ist: zuzugeben, dass der Anlass die Aufregung nicht wert war.

Ein Satz, der mich in der Zeit der großen Krise ins Herz getroffen hat, kam ausgerechnet von einem Lehrer

12

des Gymnasiums, an dem beide Söhne gerade zu »zerschellen« drohten:

»Sehen Sie zu, dass Sie sich Ihr wunderbares Verhältnis zu Ihren Söhnen durch die blöde Schule nicht kaputt machen lassen!«

Er war einer der ganz wenigen Lehrer, deren Rat in diese Richtung ging. Vom Rest der Lehrerschaft gab es anderes zu hören. Wenig Aufbauendes, viel Deprimierendes. Tenor in den meisten Fällen: Wer an unserem Gymnasium versagt, hat hier auch nichts zu suchen.

Dass der besagte Mann sich so lebensklug äußerte, hatte übrigens seinen Grund, den er auch nicht verschwieg: Einer seiner Söhne war schulisch ein Durchstarter gewesen, der andere das Gegenteil. Aus beiden war »etwas geworden«.

Im Grunde genommen gibt es bei Schulkrisen ja nur drei Möglichkeiten:

- Entweder es handelt sich um eine vorübergehende Krise. Das Kind fängt sich wieder – an der Schule des Versagens oder an einer anderen. Wenn dies so ist, hilft Katastrophenstimmung zu Hause nicht weiter.
- Das Kind hat die ganze Schulzeit über Schwierigkeiten. Es passt in dieser Lebensphase einfach nicht zu dem, was Schule verlangt. Der Knoten des »Ich will etwas lernen. Ich will eine gute (Aus-)Bildung.« platzt erst später, aber er platzt. Auch dann kann man den Zeitpunkt des Platzens mit Druck, Ermahnungen und Streit nicht nach vorne verlegen.
- Oder aber das Kind hat mit schulischem Lernen generell nichts am Hut. Es geht seinen Weg ohne guten Schulabschluss. Auch in diesem Fall helfen andere Dinge als ein Weltuntergangsszenario.

Warum mir dieses Buch so am Herzen liegt

Ich habe dieses Buch also als Mutter geschrieben und als Freundin von anderen Müttern und Vätern, die leiden und litten wie ich. Ich habe es aber auch in Erinnerung an die Schülerin geschrieben, die ich einmal war – an die sehr gute Schülerin, die mit der Eins vor dem Komma im Abiturschnitt.

Ich war wohl genau das, was ich aus heutiger Sicht schulkompatibel nennen würde. Ich war ehrgeizig, lernte, was man von mir verlangte und ich schrieb gute Noten. Ich ahnte, wann die nächste Abfrage sein würde. Ich konnte auf Abruf Wissen ausspucken und ich konnte es wunderbar wieder vergessen. Den Mut zur Lücke – also auch mal etwas nicht zu lernen – hatte ich selten. Nachsicht mir selbst gegenüber war mir fremd. Eine Drei konnte Anlass zu Tränen sein. Und das, obwohl der Druck weniger von meinen Eltern als von mir selber kam.

Neben mir sah ich MitschülerInnen scheitern, verzagen, verzweifeln. Ich half, wenn ich konnte, aber ich verstand nie so ganz, wo das Problem lag. Meine Noten waren einfach gut. Und das in den allermeisten Fächern.

Und dennoch ...

Dennoch befällt mich Scham, wenn ich auf mein heutiges Wissen in etlichen dieser Fächer blicke. Ich habe so vieles vergessen, dass ich es selber nicht fassen kann. Und ich habe am eigenen Leib erfahren, dass Mitschüler, die schulisch weit schlechter als ich waren, heute in manchen Bereichen ebendieser Schulfächer mehr wissen als ich. Das gefällt mir nicht, aber es ist die Wahrheit. Und noch etwas muss gesagt werden: Obwohl ich die Anforderungen der Schule erfüllte, haben es 13 Jahre Schulzeit nicht geschafft, mich selbst und meine Stärken wirklich kennenzulernen.

Zu guter Letzt habe ich dieses Buch als Lehrerin geschrieben.

Ich habe mich damals nach dem Abitur entschlossen Lehrerin zu werden, weil ich zu dem Schluss gekommen war: Schule könnte auch anders sein – und dazu will ich meinen Beitrag leisten. Dass mich der Praxisschock in meiner Junglehrer-Zeit mit extremer Härte traf, will ich nicht verhehlen. Dass ich, die helfen und angstfrei erziehen wollte, zunächst nur ein Gefühl verspürte: das Gefühl des Scheiterns. Dass ich plötzlich nicht mehr wusste, wie man das in Einklang bringen kann: fair zu den Schülern sein, auch dem Schwächsten helfen und dennoch Respekt zu genießen und nicht unterzugehen.

Dass ich in meiner Ratlosigkeit und Verzweiflung aufgeben wollte.

Inzwischen sind viele Jahre vergangen. Bis zur Geburt unseres ersten Kindes unterrichtete ich an Grund- und Hauptschulen. Dann folgten viele Jahre der Beurlaubung. Zunächst hielt ich den Kontakt zur Schule durch Nachhilfeunterricht, dann übernahm ich die Hausaufgabenbetreuung an meiner früheren Schule, schließlich blieb ich auch durch meine Autorinnentätigkeit dem Thema »Schule« nahe.

Vor einigen Jahren habe ich wieder angefangen, an einer Grund- und Hauptschule zu unterrichten. Natürlich bemühe ich mich, so gut es geht, zu fördern und zu helfen. Und doch bin ich es, die am schulischen Erfolg von jungen Menschen beteiligt ist. Auch wenn sich der Ehrgeiz seitens der Schüler oftmals in Grenzen zu halten scheint, habe ich in den letzten Jahren viele Kinder und Jugendliche unter schulischem Misserfolg leiden sehen. Habe erlebt, wie stark sie unter Druck standen, wie das Abschneiden in einer bestimmten Klassenarbeit, das Erreichen einer bestimmten Zensur zum zentralen Thema wurde.

Vor kurzem gab ich eine Probearbeit zurück. Einer der Schüler bekam von mir eine Fünf. Das tat mir Leid, aber der Junge hatte einfach so gut wie keine Punkte erzielt. Am Ende der Stunde weigerte er sich, das Klassenzimmer zu verlassen. Wie ein Häufchen Elend verharrte er auf seinem Platz. Erst forderte ich ihn etwas unwirsch auf, seine Sachen zusammenzupacken. Immerhin war es die letzte Stunde, ich wollte nach Hause. Als ich seine zitternden Hände sah, setzte ich mich neben ihn. »Ich hab so Angst. Ich krieg solchen Ärger zu Hause«, hörte ich ihn flüstern. In diesem Moment hätte ich die Probearbeit am liebsten durch den Reißwolf gejagt. Auch wenn der Junge – aus welchen Gründen auch immer – nichts gelernt hatte: Diese Angst, diese verzagte Stimmung eines Kindes stand in keinem Verhältnis zum Anlass.

Dieses Buch will nicht mit der Schule abrechnen. Es will auch kein »Lehrer-Hasser-Buch« sein – und das nicht nur, weil ich selbst Lehrerin bin. Aber es will eine Sache unter einem anderen Blickwinkel betrachten als dem, der gemeinhin üblich ist. Weil man die Dinge eben »so« oder »so« sehen kann. Weil es lohnt, sich diese Sache einmal anders anzuschauen. Weil dieses Anderssehen Verkrampfung lösen und Entspannung bringen kann. Und weil Entspannung viel mehr als Stress die Sache langfristig zum Guten wenden kann. Zum Guten für die Schüler. Und ihre Eltern.

Wenn ich in diesem Buch von »der Schule« spreche, meine ich »Schule«, so wie sie sich den meisten Schülerinnen und Schülern und damit auch deren Eltern darstellt. Natürlich gibt es Schulen, auf die manche oder viele der von mir kritisch beleuchteten Merkmale nicht zutreffen. Und natürlich sollte es das Ziel sein, »Schule« dahingehend zu verändern, dass die aufgezeigten Schulschwierigkeiten gar nicht erst auftreten. Bis es aber so weit ist, werden Familien weiterhin unter den Problemen leiden. Und genau hier setzt dieses Buch an.

Was ich mit diesem Buch also will: schulisches Versagen in seiner Bedeutung relativieren.

Was ich nicht will: schulisches Versagen glorifizieren.

Natürlich sei jeder und jedem ihr oder sein schulischer Erfolg vergönnt. Natürlich ist es angenehm, in der Schule gut zu sein. Natürlich stehen die meisten Menschen, die in der Schule gut waren, im Leben ihren Mann (oder ihre Frau), wie es auch der ehemalige Zeit-Redakteur und Historiker Gerhard Prause in seinem Buch *Genies in der Schule. Legende und Wahrheit über den Erfolg im Leben* belegt. Aber viele von denen, die es in und mit der Schule schwer hatten, tun dies auch. Einige von ihnen auch in gehobener Position. Sie konnten ihre Talente entwickeln, weil jemand an sie geglaubt hat.

Wenn ich von »Erfolg im späteren Leben« spreche, dann meine ich nicht den materiell messbaren Erfolg. Wobei selbst der oft genug von Menschen erzielt wird, deren schulischer Erfolg zu wünschen übrig ließ.

An dieser Stelle sei mir der Witz von dem Lehrer gestattet, der nach Jahren einen ehemaligen Schüler auf der Straße trifft. Der Schüler war verheerend schlecht in der Schule gewesen, ganz besonders in Mathematik. Nun tritt er in Anzug und Krawatte auf, nennt ein großes Auto sein eigen und wirkt auch sonst wie ein wohlhabender Mann. Auf die Frage des Lehrers hat der junge Mann eine Antwort bereit: »Wie ich mein Geld mache? Das ist ganz einfach. Ich handle mit Regenschirmen. Ich kaufe

17

sie für fünf Euro das Stück ein und verkaufe sie für zehn Euro. Ja, und von den fünf Prozent kann ich ganz gut leben.«

Aber der andere, der nicht messbare Erfolg hat mit dem schulischen Erfolg noch viel weniger zu tun. Der, der darüber entscheidet, ob ein Mensch zu sich selbst und zu *seinem* Platz auf dieser Welt findet.
Dass Sie, liebe Leserinnen und Leser, mehr diesen Erfolg als den materiellen im Auge haben, wenn Sie sich um die Zukunft Ihres Kindes sorgen, das hoffe ich. Dass Ihr Kind ihm – mit Ihrer Unterstützung – die Schulzeit hindurch ein Stück näherkommt, das wünsche ich Ihnen.

Heidemarie Brosche

P. S. Vielleicht erscheint Ihnen die »Ich«-Form der »Hilfreichen Sätze« unter den verschiedenen Kapiteln ungewohnt. Sie soll unterstreichen, dass es sich bei diesen Sätzen nicht um Aufforderungen oder »Rat-Schläge« handelt, die Sie befolgen sollen, sondern um reine Möglichkeiten.

Außerdem werde ich, um sprachliche Schwerfälligkeit zu vermeiden, von Schülern und Lehrern sprechen, auch dann, wenn es sich ebenfalls um Schüler*innen* und Lehrer*innen* handelt. Man möge mir dies bitte nicht als Diskriminierung meines eigenen Geschlechts »ankreiden«.

Wenn Schule stresst

Schulpflicht, Schulzwang, Schulfrust – Ein wenig Historie

Ursprünglich hatte sie ja gar nichts mit Zwang und Unfreiheit zu tun, die liebe Schule. Das Wort selbst kommt vom lateinischen »schola«, das sich wiederum vom griechischen »scholé« ableitet. Eigentlich bedeutete es demnach »Frei sein von Geschäften«. Gemeint war im antiken Griechenland die Muße des freien Bürgers für die geistige Bildung. Bald aber bezeichnete das Wort auch den Ort, an dem diese Bildung stattfand.

Bildung, freiwillig und Freiheit voraussetzend, war lange Zeit nur den oberen Ständen zugänglich. Dies galt nicht nur für das alte Griechenland und das Römische Reich, sondern auch für das gesamte Mittelalter, wo Bildung in kirchlichen Klosterschulen vermittelt wurde. Mit dem Aufblühen der Städte – etwa im 13. Jahrhundert – gewann das Bürgertum immer mehr an Bedeutung und Einfluss, und so entstanden stadteigene Stadt- oder Ratsschulen.

Damit war der Grundstein für ein weltliches Schulwesen gelegt. Seit dem 14. Jahrhundert gab es in vielen Städten Schreib- und Leseschulen, in denen Schreiben, Lesen, Rechnen und das Aufsetzen von Briefen, Urkunden und Verträgen gelehrt wurde. In der Zeit des Humanismus dann, vom 14. bis ins 16. Jahrhundert, bildeten sich Gelehrtenschulen heraus. Und bald darauf entwickelte sich so etwas wie eine allgemeine Schulpflicht. In Bayern zum Beispiel wurde im Jahre 1802 durch Herzog Max IV. Joseph verordnet, dass »allenthalben alle schulfähige(n) (...) Kinder vom 6sten bis wenigst ins vollstreckte 12te Jahr ihres Alters die Schule besuchen sollen.«

Wirklich für alle Angehörigen einer bestimmten Altersgruppe verpflichtend wurde der Besuch einer öffent-

Wenn Schule stresst

lichen Schule dann allerdings erst mit der Weimarer Verfassung vom 11. August 1919. Bis dahin hatte es genau genommen nur eine Unterrichtspflicht gegeben. Im Klartext hieß das: Alle Kinder mussten zwar unterrichtet werden, aber nicht alle wurden dies in einer öffentlichen Schule. Spätestens der Moment aber, in dem ein Kind zur Schule gehen musste, dürfte die Geburtsstunde von Schulfrust und Schulstress gewesen sein.

Die Lehrer versuchten damals noch guten Gewissens, ihre Ziele mit Prügelpädagogik durchzusetzen. Sie schlugen die Schüler, wenn sie gegen die Disziplin verstoßen hatten, und sie schlugen sie noch mehr, wenn sie etwas nicht konnten oder nicht verstanden. An den Gymnasien wurde irgendwann nicht mehr geschlagen, sondern mit Arrest und Abschreibaufgaben gestraft, in der Volksschule aber hielt sich die Prügelpädagogik noch lange.

Schüler reagierten darauf nicht selten mit Wut, ja sogar ihrerseits mit Gewalt. Oft aber entwickelten sie großes Geschick im Unterlaufen von Schul-Regeln und von Lehrer-Gemeinheit.

Wie schrecklich und vernichtend auch um 1810 die Schule schon sein konnte, verraten die Lebenserinnerungen des Journalisten und Dichters Ludwig Rellstab (1799–1860). Seine Kurzsichtigkeit und seine schlechte Handschrift bewirkten, dass er einen Tadel nach dem anderen bekam. Das wenige, was er gut machte, erfuhr keinerlei Wertschätzung: »Damit wuchs meine Mutlosigkeit, die dann zuweilen bis zur völligen Apathie herabsank. (...) Ich erinnere mich der ganzen Zeit nur als einer der Entmutigung, Niedergeschlagenheit und momentan fast des Lebensüberdrusses.«

Auch viele Jahre später sah es noch nicht besser aus. In *Ein Proletarierleben* erzählt der 1866 geborene Franz

Wenn Schule stresst

Bergg, mit Stock, Rohr, Peitsche, mit Hand, Faust und Fuß, ja sogar mit einer Prügelmaschine sei auf allen Teilen des Schülerleibes herumgearbeitet worden. Manche Kinder habe man zur Schule schleppen und mit Stricken festbinden müssen.

Sicherlich gab es auch viele, die gerne zur Schule gingen, immerhin erfuhren sie dort Interessantes, und sie konnten Freundschaften pflegen. Dennoch ist unübersehbar, dass Schule für manche Kinder auch früher schon eine Last war. Dass sie es bis heute geblieben ist, erstaunt fast schon. Es hat sich doch so vieles geändert: Längst gibt es keine Prügelpädagogik mehr, längst auch keine Schwarze Pädagogik à la Struwwelpeter. Mod erne Medien haben Einzug in die Schulen gehalten. Die Lehrer werden an Universitäten ausgebildet, Lehrpläne ständig überarbeitet. Was ist denn für heutige Schüler so schrecklich an der Schule?

Schulfrust und Schulstress heute

Wie der Hirnforscher Manfred Spitzer nicht müde wird zu betonen, gelingt Lernen am besten, wenn es Spaß macht, wenn man nicht ständig gegen Frust und Widerwillen ankämpfen muss. Wer sich aber unter Eltern schulpflichtiger Kinder und unter Schülern umhört, stellt fest, dass das Stöhnen über Schulstress eher die Regel als die Ausnahme ist. Fragt man danach, worin dieser Stress sich denn äußere, erhält man eine Vielfalt von Antworten. Diese Vielfalt ist bunt, aber wenig schön, wie die folgenden Eltern- und Schüler-Äußerungen zeigen:

»Das Thema ›Hausaufgaben‹ ist in unserer Familie täglich Anlass für Streit.«

»Ich hasse Schule.«

»Jeden Morgen dasselbe Theater: Mein Kind will nicht in die Schule gehen.«

»Ohne Nachhilfe geht bei uns gar nichts.«

»Schule kann einem das Leben kaputt machen!«

»Ich langweile mich so schrecklich in der Schule.«

»Unser Sohn schwänzt immer wieder den Unterricht.«

»Ich habe zu schlechte Noten.«

»Ich würde wirklich gerne etwas lernen, aber doch nicht so wie in der Schule.«

»Unsere Tochter muss vielleicht zum zweiten Mal innerhalb von drei Jahren die Klasse wiederholen.«

»Ich arbeite, so gut ich kann, aber ich kapiere einfach vieles nicht.«

»Mit Ach und Krach hat unser Kind das Klassenziel erreicht, und das auch nur, weil wir jede Menge Geld in Nachhilfe investiert haben.«

»Der Lehrer kann unser Kind nicht leiden.«

»Ich bin so froh, dass dieses dritte Kind mein letztes ist. Noch ein Kind möchte ich wirklich nicht durch die Schule treten.«

»Mein Sohn war ein wissbegieriges, lernwilliges Kind – solange, bis er in die Schule kam.«

»Ich sehne den Tag herbei, an dem ich zum letzten Mal in die Schule gehen muss.«

Für die Studie LBS-Kinderbarometer 2007 wurden 6000 Kinder in sieben Bundesländern zu ihrem Befinden befragt. Viele der Jungen und Mädchen im Alter zwischen neun und 14 Jahren klagten über Stress in der Schule. Nur jeder Zweite äußerte sich positiv über die Schule. Die Angst vor Schulversagen rangiert unter den aktuellen Ängsten der Kinder gar an erster Stelle. Die Studie zeigte auch, dass jedes dritte Kind von Beleidigungen und Hänseleien in der Schule berichtet, 20 Prozent beträgt der Anteil der Schüler, die sich von Lehrern blamiert fühlen.

Egal, in welche Richtung die Klagen gehen – wenn die Schule als negativ, als stressig empfunden wird, sind dies sehr oft die Folgen:

Die Noten gehen in den Keller. Womöglich ist das Klassenziel gefährdet. Womöglich ist es nicht nur gefährdet. Womöglich wird es mehrmals im Laufe einer Schullaufbahn verfehlt. Womöglich ...

Egal, wie weit der Ausschlag schulischen Versagens geht – bei den Betroffenen, oft mehr bei den Eltern als bei den Schülern selbst, verfinstert sich die Stimmung.

Die einen reagieren mit Hilflosigkeit und Wut: »Ich wünsche denen, die für diese schulische Misere verantwortlich sind, nichts Böses – außer einem Kind oder Enkelkind, das in der Schule versagt.«

Andere spüren große Traurigkeit, wie der folgende Beitrag in einem Internetforum zeigt: »Mein 9-jähriger Sohn hatte immer schon Probleme mit der Schule, er lernt nicht gern. Er hat sehr wenig Selbstbewusstsein und schätzt sich selber negativ ein. Ich habe mit ihm über das Thema Schule, Lernen usw. gesprochen, dass es egal ist, ob er nach der 4. Klasse auf ein Gymnasium kommt oder nicht. Doch mein Sohn hat geweint und gesagt, alle sind so gut, nur er schreibt immer Vieren. Die anderen brauchen nichts zu lernen, die können das alles von alleine. Es hat mir das Herz gebrochen, wie er so weinend da lag in seiner Verzweiflung.«

Dass Stress mit Schule nicht nur in Einzelfällen vorkommt, machen auch folgende Zahlen deutlich:

- Etwa ein Viertel der deutschen Schüler nimmt Zusatzunterricht zum regulären Schulbesuch, Tendenz steigend.
- Die Zahl der Nachhilfeinstitute ist deutschlandweit auf 4000 gestiegen.
- Bis zu zwei Milliarden Euro pro Jahr werden mit Nachhilfe umgesetzt.

Die monatlichen Kosten für Nachhilfe können pro Kind locker 100 bis 200 Euro betragen. Fixkosten im Monat, die für viele Familien belastend sind. Und dennoch sind Eltern bereit, sich den schulischen Werdegang ihres Sprösslings so viel Geld kosten zu lassen.

Laut dem Bildungsbericht der Kultusminister von 2006 müssen in Deutschland jährlich mehr als 250.000 Schüler eine Klasse wiederholen. Bei gesamt rund neun Millionen Schülern sind dies fast drei Prozent – so viel wie in keinem anderen vergleichbaren Industriestaat der Welt. Dazu kommen noch die Kinder, die bei der Einschulung zurückgestellt werden und Kinder und Jugendliche, die die Schulform wechseln müssen, was fast immer einer »Rückstufung« gleich kommt – vom Gymnasium zur Realschule, von der Realschule zur Hauptschule oder gleich im Sturzflug vom Gymnasium zur Hauptschule.

Zu all diesem recht »normalen« Schulfrust kommen schließlich die etwa 300.000 Schüler, die in Deutschland derzeit als Schulverweigerer gelten. Egal, ob ihnen der Leistungsdruck über den Kopf wächst, ob sie Angst vor

Wenn Schule stresst

dem Versagen, vor Lehrern oder Mitschülern haben oder ob sie es anderswo einfach besser finden – sicher ist: Sie bleiben dem Unterricht über einen längeren Zeitraum hinweg fern, sie wollen nicht mehr in die Schule.

Ob es nun die Hausaufgaben sind, die zur Qual werden, ob es die Nachhilfe ist, die kaum noch bezahlt werden kann, ob es die Klassenwiederholung ist, die für Verdruss sorgt – eines gilt so gut wie immer: Die Situation wird in den betroffenen Familien als belastend empfunden, die Lebensqualität nimmt ab. Phasen der Missstimmung, Verkrampfung, Verzagtheit, Angst und manchmal gar Verzweiflung nehmen zu.

Warum ist es so schlimm, in der Schule schlecht zu sein?

Wie verheerend sich »Schule« auf ein ohnehin schon belastetes Familienleben auswirken kann, zeigt die Jugendbuchautorin Mirjam Pressler eindrucksvoll in ihrem Roman *Stolperschritte*. Frieder, der jüngere Bruder der Hauptfigur Thomas, liebt Blumen und weiß eine Menge über Pflanzen. Er hat sich dies alles aus Büchern angeeignet. In der Schule ist er schlecht, so schlecht, dass seine Versetzung gefährdet ist. Seine Mutter, die sich mit der Erziehung alleine gelassen und überfordert fühlt, schimpft deshalb viel mit ihm und macht ihm enormen Druck. Obwohl ihm seine Geschwister versichern, es sei gar nicht so schlimm, eine Klasse wiederholen zu müssen, ist Frieder über eine Sechs im Diktat so verzweifelt, dass er sich das Leben nimmt.

Versagergefühle der Schüler

Auch wenn es nicht zur Verzweiflung führen muss – wer in der Schule schlecht ist, erlebt sich selbst als Versager. Und wie sich das anfühlen kann, ein Versager zu sein, verrät die folgende Wikipedia-Begriffsdefinition:

»Als Versager gilt in der Umgangssprache eine Person, der nichts oder vieles nicht gelingt oder jemand, der als untalentiert oder dumm angesehen wird. Die Bezeichnung einer Person als Versager ist extrem abwertend und deutet an, dass man von ihr nicht viel hält. Versager wird auch als Schimpfwort verwendet.«

Ein schulisch schlechtes Kind vergleicht sich also mit anderen und stellt fest, dass seine Leistungen nicht mit den Erwartungen der Umwelt, sprich: Eltern, Lehrer ... mithalten können. Es erlebt sich selbst als ausgeschlossen von der Gruppe der »guten«, der »normalen« Kinder. Von der Umwelt erhält es recht schnell den Stempel »faul«, »dumm« oder »unkonzentriert«. Die anderen Kinder lachen womöglich, Lehrer und Eltern sind ratlos, enttäuscht, aufgebracht. Immer wieder suchen die Eltern verständlicherweise auch nach medizinischen Gründen für das Versagen, womöglich erhält das Kind Medikamente. Dennoch lässt sie sich oft nicht aufhalten, die für alle sichtbare Form des schulischen Versagens – das Sitzenbleiben.

Wenn Schule stresst

Sitzenbleiben

Etwa 250.000 Jugendliche trifft es also bundesweit im Jahr: Sie müssen die Klasse wiederholen. Je nach Bundesland beenden bis zu 45 Prozent der Schüler ihre Schullaufbahn mit zeitlicher Verzögerung. Das liegt zwar auch an Späteinschulungen, aber »der weitaus größte Teil dieses Zeitverlustes ist auf Klassenwiederholungen zurückzuführen«, heißt es im bereits erwähnten nationalen Bildungsbericht.

Besonders viele Schüler bleiben in der 9. Klasse sitzen, es trifft mehr Jungen als Mädchen, die wenigsten Sitzenbleiber gibt es in Baden-Württemberg, sehr viele aber in Mecklenburg-Vorpommern und in Bayern.

Für die ehemalige Präsidentin der Kultusministerkonferenz, Ute Erdsiek-Rave, ist das Wiederholen einer Klasse ein »Relikt aus der pädagogischen Mottenkiste«. Es vergeude Lebenszeit und bringe statt Hilfe oft nur weitere Demotivation mit sich.

Dabei tritt die erhoffte Leistungsverbesserung häufig nicht ein, manchmal kommt es sogar zu Leistungsverschlechterungen. Kein Wunder: Die pädagogische Maßnahme der Wiederholung bedeutet für den einzelnen Schüler, dass er den Lernstoff eines gesamten Jahres in allen Fächern mit denselben oder sehr ähnlichen Vermittlungsverfahren, an denen er bereits scheiterte, durcharbeiten muss. Die aufgetretenen Lernschwierigkeiten werden jedoch in den seltensten Fällen konkret aufgearbeitet.

Außerdem verliert der Wiederholer den Rückhalt in der vertrauten Klasse und er muss sich in einer neuen Klasse mit Jüngeren arrangieren. Dies kann sein Selbstwertgefühl erheblich beeinträchtigen.

Die Mehrzahl der Kinder und Jugendlichen erleben Schulversagen als »persönlichen Misserfolg«, das heißt eindeutig negativ. Manche verzagen, verstummen, andere kompensieren, indem sie die Lehrer ärgern, den Unterricht stören, den Klassenkasper spielen. Im schlimmsten Fall wird die Schule insgesamt verhasst.

Selbst Schüler, die den schulischen Absturz scheinbar unverwundet hinnahmen, die sich cool und unberührt gaben, gestehen, oft mit zeitlichem Abstand, dass der Stachel des Versagens noch immer tief sitzt.

Erfolgssuche auf anderen Gebieten

Wer keinen Erfolg in der Schule hat, leidet nicht nur, sondern er weicht aus. Er sucht den Erfolg an anderer Stelle. Wem es vergönnt ist, der tut dies, indem er eine besondere Begabung auslebt. Wer ein besonderes Interesse verspürt, stürzt und stützt sich auf sein Hobby, seine Leidenschaft.

Der Komponist Franz Schubert erhielt ein väterliches Komponierverbot, weil er so schlecht in der Schule war. Richard Wagner stürzte sich nach schulischem Misserfolg auf die Musik. Der Schriftsteller Theodor Fontane saß im letzten Schuljahr mit Vorliebe im Café und widmete sich seiner Leidenschaft, dem Lesen. Der Komponist George Gershwin war in der Schule faul, aber übte fleißig Klavier. Dem Schriftsteller Wilhelm Raabe, der in den wichtigsten Gymnasialfächern versagte, bescheinigte man im Abgangszeugnis, »im deutschen Styl« und im freien Handzeichnen habe er einen außergewöhnlichen Grad der Vollkommenheit erlangt.

Wer aber keine Leidenschaften hat, muss sich anderes suchen, um das Gefühl des Erfolges zu verspüren. Über die Jahrhunderte sahen die Ausweichmöglichkeiten wohl recht verschieden aus. Fanden die Kinder früher im kleinen Freundeskreis oder in ihren Banden Bestätigung – weitgehend unreglementiert, meist unter freiem Himmel – bieten sich heute die virtuellen Welten als Quelle diverser Erfolgserlebnisse an. Nicht selten auch sind es Erfolge beim anderen Geschlecht, die Jugendliche – Mädchen vielleicht mehr als Jungen – geradezu krampfhaft suchen.

Wenn Schule stresst

Dass, wer keine Erfolge, keine Perspektive spürt, auch eher gefährdet ist, sich auf Rauchen, Alkohol, andere Drogen oder gar kriminelle Handlungen einzulassen und sich so zumindest zeitweise Erfolgserlebnisse zu verschaffen, bedarf wohl keiner Erläuterung. Zumindest in den letztgenannten Fällen ist der Übergang vom persönlichen zum gesellschaftlichen Problem fließend. Wenn in einer Gesellschaft vielen Menschen nichts als Erfolgslosigkeit bleibt, gibt dies nicht nur Anlass zu Mitgefühl, sondern auch zu Angst. Angst, dass sich das Lechzen nach Erfolgen seitens der »Verlierer« gegen die »Sieger« Bahn bricht. Die Empfehlung des französischen Präsidenten Sarkozy, derartigen »Abschaum« mit einem Dampfreiniger zu entfernen, dürfte dem Problem nicht wirklich gerecht werden.

Langfristige bis lebenslange Nachwirkungen

Viele Menschen, mit denen ich gesprochen habe, erinnern sich erstaunlich detailliert an Geschehnisse und Gefühle, die viele Jahrzehnte zurückliegen. Immer wieder bekam ich zu hören: »An diesen Satz meines Lehrers erinnere ich mich noch ganz genau.« oder »Ich werde nie vergessen, wie kläglich ich mich damals gefühlt habe.« Viele geben auch zu, im sogenannten »späteren Leben« mit zahlreichen Handlungen bewusst oder unbewusst gegen die einstigen Versagergefühle, gegen die Schmach agiert zu haben. Noch im höheren Alter glauben viele von ihnen, sich immer wieder selbst beweisen zu müssen.

Es ist fatal, was Schule anrichten kann. Aber auch einleuchtend. Schule findet nun einmal in einer Lebensphase statt, in der Menschen noch sehr verletzlich sind, in der sie noch keine »dicke Haut« haben.

So schrieb der Philosoph Karl Jaspers: »Ich möchte nicht noch einmal Kind sein, preisgegeben den Erwachsenen – nicht wissen, nicht orientiert, ohnmächtig in allem ...«

Dem Staatsmann Winston Churchill war seine Schulzeit derart intensiv in Erinnerung, dass er noch als Mann Mitte 50 in *Meine frühen Jahre* schrieb: »Im Rückblick sind diese Jahre nicht nur die unerfreulichste, sondern auch die ödeste und unfruchtbarste Zeit (...) bilden auf der Landkarte meines Lebens einen trüben grauen Fleck. (...) Jahre der Unlust, des Zwanges, der Einförmigkeit, der Sinnlosigkeit.«

Es leuchtet also ein, dass sich Schulstress, Schulschwierigkeiten, Schulversagen für die Betroffenen selbst schlimm anfühlen. Was aber ist mit den Eltern? Wo bleibt die Gelassenheit, die man von lebenserfahrenen Menschen erwarten könnte? Wo bleibt ihr Vertrauen ins viel beschworene »Alles wird gut«? Wieso können sie es so furchtbar schwer ertragen, wenn das eigene Kind in der Schule nicht zurechtkommt?

Warum sind Schulschwierigkeiten für Eltern so schrecklich?

Ja, was macht es für Eltern so schrecklich? Immerhin ist die Gefährdung, die ihrem Kind droht, keine lebensbedrohliche Krankheit, sondern einzig und allein die des Klassenziels. Es steht kein Aufenthalt in der Schwerverbrecherabteilung einer Justizvollzugsanstalt bevor und auch nicht die lebenslange Trennung von der Familie. Wer nicht betroffen ist, könnte zu dieser »schnoddrigen« Betrachtungsweise neigen. Wer nicht betroffen ist, könnte auch an die Zeit erinnern, wo man sich dieses Kind so

31

sehnlichst gewünscht hat. An die Zeit auch, wo es frisch geboren war. Wo es nuckelte und brabbelte und wo man sich nur eines wünschte: dass diesem kleinen Wesen nichts Böses geschehen möge. Und nun ist ihm nichts ernsthaft Böses geschehen, und dennoch steht die Welt Kopf.

Warum also?

Elterliche Versagensgefühle

Der Bildungsforscher Ulrich Trautwein sagt ausdrücklich, dass Mütter und Väter sich selbst als Versager wahrnehmen, wenn ihr Kind nicht gut in der Schule ist. »Kein Wunder, dass sie dann stärker intervenieren und emotional belastet sind, als es gut ist. Eltern müssen sich darüber klar sein, dass schlechte Schulnoten nicht automatisch eine Bankrotterklärung für ihre Erziehungsleistung sind.«

Wenn das so einfach wäre!

Viele Eltern können es nun mal nicht glauben, wenn ihr Kind schulische Erwartungen nicht erfüllt. Sie schämen sich. Mein Kind – ein Schulversager!

Vielleicht quälen sie sich auch mit dem Gedanken, sie selbst seien (mit) schuld an der Misere. Das schlechte Gewissen schlägt zu. Haben sie sich zu viel oder zu wenig um das Kind gekümmert? Haben sie gerade dieses Kind vernachlässigt? Haben sie gerade in dieses Kind zu große Hoffnungen gesetzt? Haben sie es zu sehr unter Druck gesetzt? Haben sie die Sache zu sehr schleifen lassen? Wie schön wäre es, wenn man die Frage »Wie geht's deinem Kind in der Schule?« mit einem beiläufigen »Du, eigentlich recht gut!« beantworten könnte! Nach Erfolg würde dies klingen, nach »Alles richtig gemacht!« Stattdessen die beschämende Auskunft: »Sie kommt nicht gut zurecht.« oder »Er wiederholt gerade die Klasse.« oder »Wir haben jeden Tag Zoff wegen der Schule.«

Angst um die Zukunft des Kindes

Doch selbst Eltern, die es schaffen, sich den Schuh des Versagens nicht anzuziehen, nimmt die schulische Minderleistung ihres Kindes oft enorm mit. Sie sind nun mal liebende Eltern. Und liebende Eltern haben die Zukunft im Auge. Sie befürchten, dass alles bergab geht. Dass das Kind den gewünschten Abschluss – Quali, Mittlere Reife, Abitur – nicht schafft. Dass es überhaupt keinen Abschluss schafft. Dass es auf der Straße steht.

Natürlich ist diese Befürchtung nicht unbegründet. Bei den meisten Bewerbungen wird großer Wert auf den Schulabschluss gelegt. Oft wird bereits in der Stellenausschreibung ausdrücklich betont: »Qualifizierender Hauptschulabschluss Voraussetzung« oder »Erwünschter Schulabschluss: Mittlere Reife« oder schlicht »Nur für Abiturienten«. Da kann ein Bewerber noch so qualifiziert, noch so geeignet, noch so motiviert sein – zu einem Vorstellungsgespräch kommt es erst gar nicht.

Auch fürs Studium ist der entsprechende Abschluss schlichtweg nötig. Und selbst wenn er geschafft ist, entscheiden in vielen Studiengängen die Noten über die Aufnahme an der gewünschten Fachhochschule oder Universität.

Man kann Eltern also keinen Vorwurf machen, dass ihnen die schulischen Leistungen ihres Kindes am Herzen liegen. Man kann ihnen noch nicht mal einen Vorwurf machen, dass sie unter den schlechten schulischen Leistungen ihres Kindes leiden.

Aber man kann ihnen nahelegen,

- die schulischen Probleme ihres Kindes nicht zum zentralen Familienthema werden zu lassen,
- den Teufel nicht ständig an die Wand zu malen,

- Verkrampfung als Gift und Gelassenheit als Segen anzusehen, wobei Gelassenheit nicht mit Gleichgültigkeit zu verwechseln ist.

> **Wir sorgen uns, was morgen aus unserem Kind werden wird, dabei vergessen wir, dass es heute schon jemand ist.**
>
> *Stacia Tauscher*

Und während Eltern versuchen, ihr Kind anzunehmen, so wie es jetzt gerade ist, können sie mit einem Quäntchen Gelassenheit versuchen, den Ursachen der Misere auf die Spur zu kommen.

Schulschwierigkeiten und ihre Ursachen

Schulschwierigkeiten und ihre Ursachen

**Alle glücklichen Familien ähneln sich,
jede unglückliche Familie ist es auf ihre eigene Weise.**

*Leo Tolstoi, russischer Schriftsteller,
1828–1910*

Ich wage es, Tolstois Satz abzuwandeln: Alle guten Schüler sind dies auf eine sehr ähnliche Art, jeder schlechte Schüler ist es auf seine eigene Weise.

Menschen sind nun mal sehr verschieden. Der Mix aus Genen, pränataler Phase, Geburt, Erziehung und Umwelteinflüssen lässt am ersten Schultag einzigartige ABC-Schützen über die Schwelle der Schule treten. Und sie bleiben einzigartig, auch wenn sie gelegentlich wie eine uniforme Schüler-Masse wirken mögen. Einzigartig in ihrem persönlichen Wesen, einzigartig in ihren Stärken, einzigartig in ihren Schwächen, einzigartig auch in ihren Problemen.

Karlheinz Thimm, Lehrer und Diplom-Pädagoge, hat in Brandenburg einen Schulversuch zur Re-Integration von Schuldistanzierten geleitet. Er sagt: »Schulmüde sind eine farbige Mischung von Einzelwesen, die man schwerlich unter ein Dach bekommen kann.« Ganz klar stellt er heraus: »Nicht gut bedient mit der Regelschule sind (...) Kinder mit Eigensinn und mit besonderen Talenten, Kinder mit Lernbedarf, die nicht mit dem Gleichschritt vereinbar sind, und sehr sensible, verwundbare junge Menschen.«

In Verkennung dieser Unterschiedlichkeit lautet die Frage oft: »Ist er zu faul oder zu dumm?«, wenn es darum geht, die Ursachen von schulischem Misserfolg zu ergründen. Dabei ist dies eine völlig unzureichende Vereinfachung. Es lohnt sich durchaus, genauer hinzusehen. Selten auch lässt sich die Misere nur auf eine Ursache reduzieren.

Versuchen Sie einmal, anhand der folgenden Auflistung in aller Ruhe herauszufinden, woran es bei Ihrem Kind liegen könnte. Vielleicht stellen Sie fest, dass gleich ein ganzes Bündel von Ursachen auf ihr Kind zutrifft. Vielleicht auch, dass es bei ihm ganz anders ist. Die Punkte sollen Ihnen lediglich als Orientierung dienen, um den Problemen auf die Spur zu kommen.

Die Eigenarten schulischen Lernens

Der Bundespräsident Horst Köhler bezeichnet das deutsche Bildungssystem als veraltet und ungerecht. *Brigitte*-Kolumnistin Julia Karnick entfesselt mit ihrem extrem schulkritischen Beitrag *Auf die Barrikaden, bitte!* einen Sturm von zustimmenden Leserreaktionen. Die Sängerin Nena gründet eine eigene Schule, weil sie Kindern die Möglichkeit einer individuellen Entfaltung ihrer Fähigkeiten und Interessen geben will, die diese sonst nicht hätten. Gehirnforscher wie Manfred Spitzer und Gerald Hüther bemängeln, dass in unseren Schulen falsch gelernt wird. Ludger Wößmann, Bildungsökonom und Wirtschaftsforscher, widmet ein ganzes Buch dem Thema *Letzte Chance für gute Schulen.*

In der Öffentlichkeit wird es breit diskutiert: Es scheint, als laufe etwas falsch an unseren Schulen.
    Weil Konkretes oft einleuchtender erscheint als Allgemeines, hier ein Beispiel, das seine eigene Sprache spricht: John, ein junger Amerikaner, geht in seiner Heimat auf die Highschool. Für ein Jahr ist er zum Austausch in Deutschland und besucht dort ein bayerisches Gymnasium. In einer Englisch(!)-Schulaufgabe schreibt er die Note 6.

37

Schulschwierigkeiten und ihre Ursachen

Für mich ist dies ein – zugegebenermaßen extremes – Beispiel dafür, wie absurd schulische Leistungsmessung sein kann. Müsste der »Native Speaker«, noch dazu der gebildete, nicht von Haus aus gut in seiner Muttersprache abschneiden? Besser als die, die diese Sprache erst seit wenigen Jahren in der Schule lernen? Ist es nicht das Ziel des Fremdsprachenunterrichts, Schüler möglichst so weit zu bringen, dass sie in der betreffenden Sprache perfekt kommunizieren können? Anscheinend nicht! Offensichtlich wurde hier theoretisches, angepauktes Wissen abgefragt und bewertet. Anders ist die besagte Sechs wohl kaum zu erklären.

Was ich an dieser Stelle betonen möchte: Eine radikale Abrechnung mit der Institution Schule wird dieses Buch nicht vornehmen. Wohl aber Schule, so wie sie sich Schülern und Eltern heute oft darstellt, kritisch und »anders« beleuchten.

Der Physiker Albert Einstein, ein sehr (schul)kritischer Mensch, hat dazu einmal folgenden Gedanken formuliert:

> Ich denke, dass man selbst einem gesunden Raubtier seine Fressgier wegnehmen könnte, wenn es gelänge, es mithilfe der Peitsche fortgesetzt zum Fressen zu zwingen, wenn es keinen Hunger hat, besonders, wenn man die unter solchem Zwang verabreichten Speisen entsprechend auswählt.
>
> *Albert Einstein, deutscher Physiker, 1879–1955*

Wenn man davon ausgeht, dass Lernen ebenso zu den angeborenen Bedürfnissen des Menschen zählt wie zum Beispiel die Nahrungsaufnahme, dann wird klar, dass Druck und Zwang beim Lernen insgesamt weitaus mehr Negatives als Positives bewirken.

Wie neugierig und aufgeschlossen für Neues »Menschenjunge« sind, weiß jeder, der schon mal mit kleinen

Kindern zu tun hatte. Eine Zeit lang sind sie geradezu lernhungrig und wissensdurstig, sie lernen viel und ganz ohne Zwang, sie lernen ständig – bewusst oder unbewusst. Wie schnell Lernhunger und Wissensdurst nachlassen, davon berichten unzählige bekümmerte Eltern von Kindern, die schon eine Weile zur Schule gehen. Dabei haben sich fast alle irgendwann einmal darauf gefreut, ein Schulkind zu sein.

Was auch immer Menschen lernen – sie lernen es am effektivsten, wenn sie einen Sinn darin sehen. Dinge, die sie nicht interessieren, vergessen sie schnell wieder. Entscheidend ist also die eigene, innere Motivation. Die Bereitschaft, eine Sache zu lernen, kann man nicht befehlen. Vor allem, wenn sich Kinder für bestimmte Dinge nicht interessieren – zeitweilig oder dauerhaft – kommen sie jedoch mit Druck und Zwang in Berührung. Da beim Lernen nicht nur das eigentliche Wissen, sondern auch die Umstände, unter denen es gelernt wird und die Gefühle, die man dabei hat, gespeichert werden, gibt es hier eine unheilvolle Allianz. Je stärker und dauerhafter der Zwang ist, desto mehr versucht man, ihm aus dem Weg zu gehen. Diese Abwendung kann auf bestimmte Themengebiete oder gar Personen beschränkt sein, sie kann aber auch das Lernen allgemein betreffen, sodass man geistig »zumacht«, sobald es nur ums Lernen an sich geht.

Zwang kann Kindern wie Erwachsenen die Freude am Lernen austreiben. Gerne wird der Lernzwang damit verteidigt, dass Kinder eben noch nicht absehen können, welches Wissen sie irgendwann einmal brauchen werden. Dagegen lässt sich einwenden, dass es in Zeiten wie diesen, wo sich die Fülle des Wissens rasant vermehrt, ohnehin nicht möglich ist, alles, was man braucht, auf Vorrat zu lernen. Und dass ein Schüler damit überfordert ist, schon in der 7. oder 9. Klasse wissen zu müssen, welchen Berufs-

Schulschwierigkeiten und ihre Ursachen

oder Studienwunsch er nach der 12./13. Klasse haben wird und somit den richtigen Zweig, die richtigen Fächer zu wählen. Dass es hingegen wichtig ist, die Freude am Lernen zu erhalten, auf dass Menschen in ihrem Leben auch nach der Schule gerne jeweils das lernen, was sie wirklich brauchen.

Wenn man also aus eigenem Antrieb lernt, lernt man erfolgreich und effizient. Im Gegensatz dazu steht Lernen aus Angst vor schlechten Noten und negativen Sanktionen unter einem ungünstigen Stern. Es verspricht wenig Erfolg, jemandem etwas beibringen zu wollen, für das er sich nicht interessiert. Und dass man das Interesse durch Ausüben von Druck steigern kann, ist eher unwahrscheinlich.

Dazu kommt, dass – wie man so schön sagt – »die Sau vom Wiegen nicht fetter wird«. Die Leistung von Schülern verbessert sich auch nicht allein dadurch, dass man sie ununterbrochen misst. Nur: Der Sau dürfte es relativ egal sein, was die Waage anzeigt. Beim Menschen kommt noch etwas hinzu: Immer wieder schlechte Zensuren zu bekommen, kann sich auf die nachfolgenden Zensuren auswirken, und zwar negativ in Form eines Teufelskreises. Wer immer wieder attestiert bekommt, dass er nichts kann, glaubt es irgendwann selbst, verliert die Motivation, den Glauben an sich selbst und die Fähigkeit, eine seiner Begabung entsprechende gute Leistung zu erbringen.

Manche Schüler haben auch mit dem Wettbewerbscharakter von Schule Probleme. Nicht jeder misst sich gerne mit anderen. Nicht jeder empfindet es als motivierend und den Ehrgeiz anstachelnd. Und – man sollte es nicht glauben – nicht jeder genießt es, besser zu sein. Dem späteren Literaturnobelpreisträger George Bernard Shaw ging schon als Schüler alles, was nach Wettkampf aussah, gegen den Strich. Später sagte er: »Ich habe keinen Instinkt für Wettbewerbe, ich begehre auch keine Preise und Auszeichnungen: daher habe ich auch kein Interesse an Konkurrenzprüfungen: wenn ich gewänne, würde mich die Enttäuschung der Gegner eher bedrücken als erfreuen. Verlöre ich, würde meine Selbstachtung leiden.«

Es kann also sein, dass ein Kind in der Schule schlecht ist, einfach, weil die Schule selbst ihm die Freude am Lernen und an der eigenen Leistung ausgetrieben hat.

> **Ein hilfreicher Gedanke für Eltern:**
> Es liegt nicht (nur) an meinem Kind. Wenn schulisches Lernen anders wäre, käme auch mein Kind besser zurecht.

Die falsche Schulart

Überforderung

Auch wenn Eltern es nicht gerne wahrhaben wollen: Nicht alle Kinder sind gleich intelligent, und manchmal sind die eigenen es eben eher weniger. Sie können dies trotz der Intelligenz ihrer Eltern sein, trotz gutmeinender Förderung von klein auf oder mangels dieser.

Egal, was schuld ist: Es könnte also – um die Sache ungeschönt auf den Punkt zu bringen – an mangelnder Intelligenz liegen, dass es in der Schule nicht so recht klappen will.

Auch dann ist Hopfen und Malz nicht verloren. Denn Menschen mit höherem Intelligenzquotienten bringen es nicht auch automatisch zu mehr Wohlstand. Die Ergebnisse einer breit angelegten Studie der Ohio State Univer-

41

sity stellen heraus: »Menschen werden nicht reich, bloß weil sie intelligent sind.« Und: »Wer einen niedrigeren IQ hat, sollte sich nicht für benachteiligt halten, umgekehrt sollten Menschen mit hohem IQ nicht annehmen, dadurch einen Vorteil zu besitzen.« Ebenso schützt Klugheit nicht davor, in finanzielle Schwierigkeiten zu geraten. Ob rein materiell »etwas aus einem wird« oder jemand sein Leben lang mit überzogenen Konten, Krediten und unbezahlten Rechnungen zu kämpfen hat, ist nach Jay Zagorsky, dem Autor der Studie, völlig unabhängig vom gemessenen Intelligenzquotienten.

Vielleicht also können Eltern sich irgendwann der Erkenntnis nicht länger verschließen, dass gewählte Schulart und Begabung des Kindes nicht zueinander passen. Wenn es gut geht, lässt sich dies durch die Korrektur der Schulart in den Griff bekommen. Wer ständig überfordert ist, kann sich nun mal nicht gut entwickeln.

Gerade von Lehrerseite aber wird immer wieder geklagt, Eltern seien zu ehrgeizig. Allzu oft gelte die Devise: »Mein Kind muss aufs Gymnasium, ob es die Lehrer befürworten oder nicht.«

Die Erziehungsberaterin Elfie Schloter sagt dazu: »... oft verlieren die Eltern dabei den Blick auf ihr Kind. Stattdessen starren sie wie die Lehrer nur noch auf die Noten. (...) Fallen die Noten schlechter aus als erwartet, bedeutet das für Kinder oft Lernen, Lernen, Lernen. (...) Je mehr sie ein Kind gängeln, desto unselbständiger wird es. Das Kind gibt die Verantwortung an die Mutter oder an den Nachhilfelehrer ab, was ja auch bequemer ist. Aber in den Proben entsteht dann das Gefühl, nichts mehr allein zu können. Und diese Versagensängste können das Kind völlig blockieren.«

Nicht selten sind wir mit Blindheit geschlagen, wenn es um die Einschätzung unserer Fähigkeiten, Begabungen,

Schulschwierigkeiten und ihre Ursachen

Moral oder unsere Beliebtheit geht. Es könnte also sein, dass es eine menschliche Neigung zur Selbstüberschätzung gibt und dass viele Eltern diese Selbstüberschätzung von sich auf ihre Kinder übertragen. Diese aber sind einerseits den hohen Einschätzungen und Erwartungen ihrer Eltern und andererseits der unnachsichtigen und erbarmungslosen Beurteilung in der Schule ausgesetzt. Bei ihnen prallen die Fehleinschätzung der Eltern und die Härte der schulischen Realität aufeinander. Und das müssen sie erst einmal verkraften.

Dabei kann sogar die Entscheidung, ein Kind auf Anraten von Lehrkräften in die Förder-/Sonderschule zu schicken – wenn Eltern die Größe haben, wirklich das Beste für ihr Kind zu wollen – auch wirklich das Beste bewirken: neuen Spaß am Lernen.

Hier das positive Beispiel eines Neuntklässlers, der gerade seinen qualifizierenden Hauptschulabschluss geschafft hat:

Florian, 15, Auszubildender
Im ersten Schuljahr war ich so schlecht, dass man mich auf eine Förderschule schickte. Dort wurde ich besser und besser, bis ich wieder in die normale Schule gehen konnte. Seither gab es keine Schwierigkeiten mehr. Ich war sogar besser in der Schule als manche, die sich am Anfang leicht getan haben.

Ein hilfreicher Gedanke für Eltern:
Meinem Kind zuliebe verzichte ich darauf, es durch die höhere Schulart zu treten. Ich vertraue darauf, dass es so eine bessere Chance hat, seinen Weg zu machen.

Schulschwierigkeiten und ihre Ursachen

Unterforderung/Hochbegabung

Was für den Laien eher rätselhaft erscheint: Schulische Probleme können auch am Gegenteil liegen. Gerade Menschen, denen irgendwann in ihrem Leben eine Hochbegabung attestiert wurde, sind in der Schule nicht automatisch gut klargekommen. Viele von ihnen haben sich durch die Schule gequält, galten gar als dumm und uninteressiert.

»Früher nannten meine Mitschüler mich Superhirn, weil ich mir so vieles merken konnte«, sagt die 14-jährige Mia. In der siebten Klasse noch bekam sie fast alle Telefonnummern aus der Grundschulzeit zusammen. Doch schulisch war sie nur Durchschnitt, irgendwann dann hagelte es zunehmend Fünfen. Als das Erreichen des Klassenzieles gefährdet war, schickten die Eltern ihre Tochter zum schulpsychologischen Dienst. Ergebnis des umfangreichen Intelligenztests: 136 Punkte, hochbegabt!

Um sich positiv zu entwickeln, brauchen hochbegabte Kinder eine besondere Förderung. Wenn sie die nicht erhalten, kann es zu massiven Problemen kommen.

> **Ein hilfreicher Gedanke für Eltern:**
> Ich akzeptiere, dass Hochbegabung nicht nur Vorteile mit sich bringt, versuche aber, der Besonderheit meines Kindes so gut wie möglich gerecht zu werden.

Hochbegabte Kinder und mögliche schulische Probleme

- Sie langweilen sich.
- Sie fühlen sich beständig unterfordert.
- Sie können mit manchen Spielen nichts anfangen, stören deshalb oder ziehen sich zurück.
- Sie interessieren sich für Dinge, für die sie angeblich noch zu jung sind.
- Sie kommen in der Gruppe nicht zurecht und werden zu Außenseitern.
- Sie arbeiten lieber alleine.
- Sie werden zum Klassenclown.
- Sie werden als Streber angesehen und sind deshalb unbeliebt.
- Ihr Verhalten wird von den Lehrkräften nicht verstanden.
- Sie finden an vielen Freizeitbeschäftigungen keinen Spaß.
- Sie sind sehr sensibel.
- Sie sind perfektionistisch und zu selbstkritisch.
- Sie sind motorisch nicht so geschickt und suchen lieber geistige Auseinandersetzung.
- Sie verhalten sich gefühlsmäßig ihrer Altersstufe entsprechend, sind ihr intellektuell aber um Jahre voraus.

Zu wenig Förderung

Ach ja, der elterliche Ehrgeiz! Die einen scheinen zu viel davon zu haben und die anderen zu wenig. Letztere sagen entweder: »Das Kind wird seinen Weg schon gehen. Das ist sein Leben. Da muss es sich selber durchbeißen«, oder das elterliche Interesse erschöpft sich in gelegentlichen

Schulschwierigkeiten und ihre Ursachen

Drohgebärden und Schimpftiraden, wenn schulisch etwas schief gelaufen ist. Manchmal – in der ganz extremen Ausformung – sagen Eltern gar nichts, weil es ihnen schlichtweg egal ist, welchen schulischen Weg ihr Sprössling geht. Und damit sind viele Kinder überfordert. Nicht jeder Mensch ist von klein auf in der Lage, selbstgesteuert seinen Weg zu gehen. Viele brauchen freundliche Begleitung.

So wird von manchem auch die elterliche Gleichgültigkeit als Grund für mangelnden Schulerfolg angeführt – meist im Nachhinein, aus der Sicht des Erwachsenen.

»Hätten sich meine Eltern mehr für mich interessiert, hätten sie mir auch nur ein bisschen Druck gemacht, wäre ich weiter gekommen«, heißt es dann. Was tatsächlich bei mehr Interesse und mehr Druck passiert wäre, wird sich nie mehr beweisen lassen. Vielleicht hätte der Druck trotzige Auflehnung zur Folge gehabt, vielleicht auch Gleichgültigkeit. Tatsächlich aber kann zu wenig Förderung, zu wenig häusliche Struktur sich negativ auf schulischen Erfolg auswirken.

Michael, 11, Hauptschüler

Wenn ich meine Hausaufgaben machen will, klappt das meistens überhaupt nicht. Bei uns geht es immer chaotisch zu, alle schreien durcheinander. Keiner hört auf mich, wenn ich sage, dass ich mich nicht konzentrieren kann. Meist läuft auch noch der Fernseher. Wenn ich sage, dass ich etwas nicht verstehe, interessiert das entweder keinen oder mein Vater und mein großer Bruder streiten sich darum, wie es geht. Das hilft mir überhaupt nicht. Ich bin froh, wenn ich die Schule endlich hinter mir habe.

Wer sich aber die Mühe macht, dieses Buch zu lesen und sich so eingehend mit dem Thema beschäftigt, dürfte es an Elterninteresse wohl kaum mangeln lassen.

Teilleistungsschwächen und einseitige Begabungen

Immer wieder sind (nicht erkannte) Teilleistungsschwächen oder -störungen wie Lese- und Rechtschreibschwäche (Legasthenie) und Rechenschwäche (Dyskalkulie) Ursachen von schulischen Problemen. Das Kind bringt also buchstäblich in Teilbereichen zu wenig Leistung und erlebt sich zunehmend als »schlechten« Schüler. Im ungünstigsten Fall schließt die Lehrkraft, schließen die Eltern und schließt es zuletzt selbst daraus, es sei minderbegabt. Wenn es günstiger läuft, wird die Schwäche erkannt, was aber noch immer nicht alle Probleme löst.

Karin T., 51, Buchhändlerin:
Mein Sohn Mark hat in der ersten Klasse sehr schön geschrieben, er hatte keine motorischen Probleme. Aber er machte viele Rechtschreibfehler. Sein Selbstbewusstsein sank, seine Schrift wurde immer verwaschener. In der Realschule wurde er von der Deutschlehrerin wegen seiner Schrift gepiesackt. Ich versuchte ihr die Ursachen zu erklären, doch sie blieb uneinsichtig und sagte, wenn er sich nur bemühe, werde das Schriftbild besser. Natürlich nicht – es wurde noch schlechter – und meinem Sohn wurden Fehler angekreuzt, die keine waren, weil die Lehrerin die Schrift nicht lesen konnte. Er schreibt immer noch schlecht, aber er schreibt viele Mails. Durch die Rechtschreibprüfung ist er sicherer geworden. Allmählich – aber nur sehr allmählich – fängt er an, übersichtlicher zu schreiben, er macht Absätze, lässt Platz nach einem Gedanken usw.
    Heute frage ich mich, warum ich das alles zugelassen habe. Richtiges Rechtschreiben ist sicherlich wichtig, aber viel wichtiger ist es, sich auszudrücken, die Schrift als Kommunikationsmittel einzusetzen, Gedanken zu formulieren. Ein interessantes Phänomen: Mark liest im Gegensatz zu seinen großen Geschwistern Klassiker, bereits in der Grundschule las er Jules Verne, Defoe, Stevenson. Mittlerweile studiert er Chemie.

47

Schulschwierigkeiten und ihre Ursachen

Vermutlich gab es im Gymnasium vor einigen Jahrzehnten noch keine Legastheniker, vermutlich haben sie es schlichtweg nicht geschafft, die Aufnahmeprüfung zu bestehen. Und vermutlich ist dadurch unserer Gesellschaft manch fähiger Zeitgenosse verloren gegangen. Legastheniker haben nämlich nicht selten außergewöhnliche Fähigkeiten auf anderen Gebieten.

Auch ohne Legastheniker zu sein, sind viele Menschen einseitig (un)begabt. So hat man mir von einem Schüler erzählt, der in einigen Fächern Nachhilfe benötigte, in Mathematik hingegen so erfolgreich Nachhilfe erteilte, dass seine Nachhilfeschüler schlagartig bessere Noten schrieben. Dieser Schüler, der sich mit Sprachen ungemein schwer tat, studierte später Mathematik, promovierte, ging in den Schuldienst und leitet heute ein Gymnasium.

> **Ein hilfreicher Gedanke für Eltern:**
> Ich werde versuchen, die Begabungen und nicht die Minderbegabungen meines Kindes im Vordergrund zu sehen.

Der »falsche« Zeitpunkt

Nicht jeder Mensch ist fähig und bereit, Leistung genau dann zu erbringen, wenn sie in der Schule gefordert wird. Ja, bei vielen Menschen fällt der Groschen später. Es gibt nun mal Kinder, die längere Zeit brauchen zu reifen, die plötzlich einen Schub machen, die dann leistungsmäßig sogar förmlich explodieren. Ihnen drückt die Schule oft zu früh einen Stempel auf: schlecht in ..., blöd, unbegabt, tut sich schwer in ...

Remo H. Largo, Professor für Kinderheilkunde und 30 Jahre lang Leiter der Abteilung für Wachstum und Entwicklung des Kinderspitals Zürich, betont wieder und wieder ein Hauptergebnis seiner Arbeit: Menschen entwickeln sich unterschiedlich – ob es sich um die Schlafdauer, die ersten Schritte, die ersten Worte, um die Sauberkeit von Kleinkindern, um motorische Fertigkeiten usw. handelt. Besonders in der Schule wird diese Individualität zum Problem, denn Kinder werden dort ja nach Jahrgängen zusammengefasst. Sie sind zwar weitgehend gleich alt, aber auf sehr unterschiedlichen Entwicklungsniveaus. Wenn die geforderte Leistung den Entwicklungsstand des Kindes überfordert und somit einfach nicht der richtige Zeitpunkt im Lernprozess des Kindes ist, dann wird das Kind in seinem Selbstvertrauen verletzt. Es verliert seinen natürlichen »Entdeckungsdrang« für die Umwelt und wird in seinem »Lernwillen« eingeschränkt. Schule muss vermehrt auf jedes einzelne Kind eingehen. Alle Sparmaßnahmen gehen jedoch in die entgegengesetzte Richtung: große Klassen, weniger Zeit für die Kinder, so Largo – für ihn eine Katastrophe.

Auch der spätere Nobelpreisträger Albert Einstein galt in seiner Kindheit als Spätentwickler. Er brauchte so lange, bis er sprechen lernte, dass seine Eltern schon dachten, etwas stimme nicht mit ihm.

Manchmal manifestiert sich der negative Stempel der Schule auch in Prognosen wie »Der taugt nicht für unsere Schule«, »Das schafft sie nie« oder gar »Aus dir wird nie etwas werden!« Diese negative Fremdeinschätzung und Prognose kann einem jungen Menschen viel an Selbstvertrauen nehmen, so viel, dass sie schließlich zu einer komplett negativen Selbsteinschätzung wird. Umso wichtiger, dass Eltern ihre Kinder stützen, dass sie ihnen Vertrauen und damit Zeit geben, sich selbst und ihre Leistung zu finden!

Schulschwierigkeiten und ihre Ursachen

Hier gleich vier Beispiele, weil sie so viel Mut machen:

Erna W., 52, Landwirtin

Wir haben 15 Kinder, sind eine Landwirtsfamilie. Alle unsere Kinder – auch die, denen von Lehrerseite gar nichts Gutes vorhergesagt wurde – haben den Hauptschulabschluss geschafft, alle üben einen guten Beruf aus. Gerade die Tochter, der man gar nichts zugetraut hat, hat sich mit der Zeit gut gemacht. Sie hat die Mittlere Reife und arbeitet erfolgreich als Großhandelskauffrau. – Heute kann ich das so sehen. Aber früher war das für mich sehr deprimierend.

Tobias K., 26, Student

Nach der Grundschulzeit attestierte man mir: nicht gymnasialgeeignet. Ich selbst aber war beseelt von dem Gedanken, es schaffen zu können. Meine Eltern ließen mich also gegen die Empfehlung der Schule aufs Gymnasium wechseln. Tatsächlich musste ich gleich die 5. Klasse wiederholen. Wieder hielten meine Eltern zu mir, sie vertrauten darauf, ich werde das gymnasiale Arbeiten noch lernen. Eine Weile ging alles gut, doch in der 8. Klasse brach ich leistungsmäßig wieder ein. Aus eigener Kraft schaffte ich dennoch den Rest der Schulzeit und mein Abitur, ohne noch einmal wiederholen zu müssen. Heute studiere ich BWL und kann sagen, dass ich sehr gute Ergebnisse erziele.

Bernd S., 63, Lehrer

In der Grundschule kam ich gut zurecht, in der Mittelschule dann wurden meine Leistungen Zug um Zug schlechter, bis ich schließlich die 7. Klasse wegen mangelhafter Leistungen in mehreren Fächern wiederholen musste. Nach einer Weile der Stabilisierung war in der 10. Klasse wieder Flaute angesagt. Schuld daran hatte wohl meine Leidenschaft für den Wassersport, die immer mehr in den Vordergrund trat, und für ein junges Mädchen, das in derselben Badeanstalt wie ich verkehrte. Die Flaute endete damit, dass ich auch die 10. Klasse wiederholen musste.

Schulschwierigkeiten und ihre Ursachen

Danach wendete sich das Blatt. Die zunehmend freiere Arbeitsweise in der Oberstufe des Gymnasiums, die Tatsache, dass ich nun mehr auf mich selbst gestellt war, ließ mich aufblühen. Ich beendete das Gymnasium erfolgreich, und wurde mit großer Leidenschaft Lehrer in dem Fach, an dem ich in der 10. Klasse gescheitert war: Chemie.

Später habe ich zu meinem Vater gesagt: »Hätte ich damals schon gewusst, dass ihr damit einverstanden gewesen wäret, ich hätte nach der Klasse 10 die Schule beendet. Heute bin ich natürlich froh, weitergemacht zu haben.«

Es gibt einfach auch Menschen, bei denen der Groschen später als bei anderen fällt. Das Wesentliche ist doch, dass er fällt.

Dr. Hans R., im Ruhestand
Als ich so um die 16 war, schmiss ich die Schule und arbeitete als Aushilfe auf einem Schiff. Meine Eltern konnten es nicht fassen. Ehrlich gesagt, habe ich damals kurzzeitig keine Lust mehr gehabt. Keine Lust mehr zu lernen. Keine Lust, zur Schule zu gehen.

Nach ein paar Monaten kehrte ich zurück, machte eine Lehre, holte neben der Arbeit mein Abitur nach, studierte und begann als Bauingenieur Karriere zu machen. Ich darf heute sagen, dass ich es in meinem Beruf zu großem Ansehen gebracht haben. Nach der Pensionierung beschloss ich, auch noch den Doktortitel zu erwerben. Ich schaffte es ohne Probleme.

All diese Erfahrungsberichte verbindet, dass Schüler zunächst nicht gezeigt haben, dass aus ihnen »etwas werden wird«. Es verbindet sie aber auch, dass aus allen nicht nur tatsächlich etwas wurde, sondern dass sie die schulischen Anforderungen doch noch erfüllten – wenn auch etwas zeitverzögert.

Ich kann gar nicht sagen, wie oft ehemalige Schüler dieses Phänomen schon angesprochen haben. »Sie konnten damals nichts machen«, heißt es dann, »ich hab einfach nichts getan.« Oder: »Ich war so dumm damals, alle haben sich bemüht, mich zu motivieren – meine Eltern, Sie und die anderen Lehrer – aber das hat mich gar nicht richtig erreicht. Wenn Sie wüssten, wie fleißig ich später geworden bin!«

Ich habe tatsächlich immer wieder erlebt, dass gerade Schüler, die zur Schulzeit »faul« oder »dumm« wirkten, ein paar Jahre später völlig verändert auftraten und leistungsmäßig explodierten. Dass sie, die die Schule hassten, freiwillig noch einmal die Schulbank drückten, um einen Abschluss oder eine Zusatzqualifikation zu erzielen.

> **Ein hilfreicher Gedanke für Eltern:**
> Ich lasse den Gedanken zu, dass mein Kind jetzt noch nicht so weit ist und dass der »richtige« Zeitpunkt später kommen kann.

Hilfe, unser Kind ist ein Junge!

Immer wieder hört man von Eltern: Mit dem Sohn ist schulisch vieles schwierig. Mit der Tochter haben wir diese Probleme nicht. Immer wieder kann man Lehrer sagen hören: Oh je, in meiner Klasse sind sehr viele Jungen! Immer wieder liest man: Jungen sind überdurchschnittlich häufig Schulversager und Schulschwänzer.

Inzwischen lässt es sich belegen: In der Schullaufbahn sind Jungen in Deutschland den Mädchen gegenüber benachteiligt. Bereits 60 Prozent der Kinder, die von der Einschulung zurückgestellt werden, sind Jungen. Sie sind diejenigen, die häufiger eine Klasse wiederholen. Und etwa in der neunten Klasse haben 35 Prozent der Jungen eine verzögerte Schullaufbahn, aber nur 24 Prozent der Mädchen.

Natürlich sind die Auswirkungen auch bei den Abschlüssen spürbar: Jungen sind an Gymnasien unterrepräsentiert, an Hauptschulen und Sonderschulen aber stellen sie die Mehrheit der Schüler. Auch in der Schulzufriedenheit gibt es Unterschiede: 45 Prozent der Mädchen geben an, gerne in der Schule zu sein. Bei den Jungen sind es nur 30 Prozent.

Der Hamburger Gesamtschullehrer und Universitätsdozent Frank Beuster, Vater von zwei Söhnen und Autor des Buches *Die Jungenkatastrophe – das überforderte Geschlecht,* sagt dazu: »Die für die Schule nötigen Fähigkeiten werden von Mädchen sehr schnell erworben, von Jungen nicht.«

Früher seien Gesellschaft und Schule stark hierarchisch und von genauen Vorgaben geprägt gewesen. Heute erfordere das Lernen mehr Flexibilität, was vielen Mädchen und Frauen leichter falle. Sehr schnell stellten Jungen fest, dass Mädchen besser seien – dabei falle ihnen das Verlieren doch so schwer. Mädchen haben obendrein nicht so große Schwierigkeiten, ruhig zu sitzen.

Er hält es für erwiesen, dass Jungen über geringere sprachliche Fähigkeiten verfügen als Mädchen. Schule aber sei total vertextet. Jungen drängt es danach, auszuprobieren, zu handeln. Sie brauchen klar strukturierten Unterricht, da sie führungsbedürftiger seien als Mädchen, so Frank Beuster.

Natürlich gibt es auch Jungen, die die Schule ohne Misserfolge durchlaufen und ebenso Mädchen, deren schulischer Weg voller Dornen ist. Der Satz »Nicht gut in der Schule? Er ist halt ein Junge« allerdings muss nicht umsonst so oft als Entschuldigung oder Trost herhalten.

Schulschwierigkeiten und ihre Ursachen

Auch der Ludwig in Ludwig Thomas *Lausbubengeschichten*, auch Wilhelm Buschs *Max und Moritz*, auch Astrid Lindgrens *Michel von Lönneberga* – allesamt wenig schulkompatible Persönlichkeiten aus der Literatur – waren schließlich Jungen.

Warum das so ist mit den Jungen und der Schule

Weitere Gründe für die schulischen Probleme der Jungen – eine Auswahl:

- fehlende männliche Vorbilder, z. B. kaum männliche Lehrkräfte in der Grundschule, viele alleinerziehende Mütter,
- ungeeignete männliche Vorbilder, z. B. Stars mit »Coolness« und Dominanzgebaren,
- Lebendigkeit, Wettkampfgeist und Risikofreudigkeit der Jungen, die bei meist weiblichen Lehrkräften Abwehr und Angst hervorrufen,
- sich selbst erfüllende Prophezeiung über schulische Schwierigkeiten bei Jungen,
- Scheu vieler Lehrkräfte, Partei für die Jungen zu ergreifen, um nicht den Eindruck zu erwecken, etwas gegen die Mädchen zu haben.

Und ein weiterer möglicher Grund:

- Mädchen fällt es in der Regel leichter, in Gegenwart der Lehrkraft durch freundliche Art gefällig zu wirken und sich beliebt zu machen.

Remo H. Largo fügt noch einen Grund hinzu:

- Entwicklungsunterschiede sind gerade bei den Jungen besonders gravierend.

> **Ein hilfreicher Gedanke für Eltern:**
> Mein Kind ist nun mal ein Junge. Ich versuche mich an seiner jungenspezifischen Art zu erfreuen und mich nicht darüber zu sorgen oder zu ärgern.

Lernen ist nicht gleich Lernen

Vielen Schülern fehlt es an den notwendigen Voraussetzungen, um überhaupt effizient zu lernen. Sie können sich schlecht konzentrieren, haben keine Ausdauer und wissen nicht, wie sie an Aufgaben herangehen können. Manche sitzen stundenlang über ihren Schularbeiten, ohne etwas zustande zu bringen. Oft wissen sie nicht, wie sie ihre Mathe-Textaufgaben lösen, Rechtschreibung und Vokabeln behalten oder einen Sachtext so lesen können, dass er im Gedächtnis bleibt. Sie haben also keine Ahnung, wie man richtig lernt und erleben das Lernen an sich immer wieder als frustrierend. Sie müssen, wie man so schön sagt, »das Lernen lernen«.

Wenn Eltern sehen, dass es an dieser Stelle hapert, haben sie, auf den Punkt gebracht, zwei Möglichkeiten: Sie versuchen selbst, ihrem Kind zum richtigen Lernen zu verhelfen und riskieren damit Stress, Frust und Tränen. Oder sie nehmen die Hilfe von Fachleuten in Anspruch. Es gibt immer wieder Workshops zum Thema, manchmal sogar an der Schule des eigenen Kindes, manchmal auch unter Einbeziehung der Eltern. Informationen finden sich in der Zeitung, im Programm der örtlichen Volkshochschule oder auch im Internet. Und Eltern sollten bedenken, dass es vielleicht nur der Initialzündung bedarf.

Schulschwierigkeiten und ihre Ursachen

> **Ein hilfreicher Gedanke für Eltern:**
> Wenn ich zu dem Schluss komme, dass die schulischen Schwierigkeiten meines Kindes auf falschen Lernstrategien beruhen, bin ich bereit, in ein entsprechendes Training zu investieren.

Zeitmanagement

Nicht wenige Menschen – Schüler wie Erwachsene – haben ein Problem, sich die Zeit richtig einzuteilen. Sie trödeln oder sie hetzen. Oft scheinen sie Unangenehmes zu schieben und zu schieben, bis sie unter großen Zeitdruck geraten oder gar Termine verpassen.

Ein unterhaltsames Beispiel für einen eher schlechten Umgang mit der Zeit liefert der deutsche Physiker Horst Ludwig Störmer, der 1998 mit dem Nobelpreis ausgezeichnet wurde. Bevor er sein Studium der Physik begann, schrieb er sich nach dem Abitur für das Fach Bauwesen ein. Eine Notlösung, denn er hatte den Anmeldezeitraum für sein eigentliches Wahlfach Architektur verpasst. Schnell stellte er fest, dass ihm das Bauwesen nicht lag und wechselte darauf sowohl die Universität als auch das Studienfach. Diesmal schrieb er sich in Mathematik ein. Eine erneute Übergangslösung – der Anmeldezeitraum für Physik war bereits verstrichen. Wie das Leben zeigte, ist trotz dieser offenkundigen Schwäche etwas aus ihm geworden. Was schuld daran war, was der Nobelpreisträger selbst als Begründung anführen würde, entzieht sich meiner Kenntnis. Was schuld ist am schlechten Zeitmanagement des eigenen Kindes – Eltern wissen es selten. Vielleicht gibt es eine angeborene Begabung und dem eigenen Kind ist genau diese nicht vergönnt. Vielleicht war aber auch immer jemand da, der zeitliche Angelegenheiten für das Kind gemanagt hat, sodass es sich entspannt zurücklehnen und keine Begabung in diesem Bereich entwickeln konnte. Vielleicht waren Mutter oder Vater es gar selbst, die dem Kind hier zu viel abgenommen haben. Wenn dies der Fall sein kann, dürfen sich Eltern der Selbstkritik nicht verschließen und sollten gegebenenfalls gegensteuern, um ihrem Kind zu helfen. Es ist selten zu spät!

Mir sind einige Erwachsene bekannt, die schon ihr ganzes Leben Probleme mit »Zeit« haben. Sie schätzen die für eine Arbeit benötigte Zeit von vornherein falsch ein und werden so auch nicht zum rechten Zeitpunkt fertig. Einer dieser Menschen hat mir ehrlich erzählt, dass er selbst spürt, woran es liegt. In seiner Kindheit wurde er unaufhörlich von einer sehr starken Erzieherpersönlichkeit angetrieben: »Mach schnell, Junge! Beeil dich! Du wirst nicht fertig.« So konnte er nicht lernen, selbstverantwortlich mit Zeit umzugehen.

Was der Grund für dieses Geständnis war? Er war Zeuge geworden, wie ich eines meiner Kinder gewaltig unter zeitlichen Druck gesetzt hatte. Sein Geständnis wollte er als Warnung und Hilfe verstanden wissen. Ich versuche seither, diesen Aspekt im Auge zu behalten, muss aber zugeben, dass es nicht immer gelingt.

Auch hier gilt übrigens: Bei absoluter Ratlosigkeit, wie man sein Kind auf den rechten Zeit-Weg schicken soll, können Kurse und Beratungen bei Fachleuten hilfreich sein. Scheuen Sie sich nicht, diese wertvolle Hilfe in Anspruch zu nehmen!

Schulschwierigkeiten und ihre Ursachen

> **Ein hilfreicher Gedanke für Eltern:**
> Ich versuche, dem offenkundig schlechten Zeitmanagement meines Kindes nicht dadurch zu begegnen, dass ich mich selbst durch ständiges Anschieben oder Überwachen zu seinem Manager mache.

Jeder Schüler lernt anders – Verschiedene Lerntypen

Was vielen – manchmal trotz besseren Wissens – nicht bewusst ist: Es gibt vier Lerntypen:
- den auditiven Lerntyp,
- den visuellen Lerntyp,
- den kommunikativen Lerntyp und
- den motorischen Lerntyp.

Der *auditive Lerntyp* kann gehörte Informationen ohne Probleme aufnehmen, sie behalten und auch wiedergeben. Er kann mündlichen Erklärungen folgen und sie verarbeiten.

Der *visuelle Lerntyp* lernt am besten durch das Lesen von Informationen und das Beobachten von Handlungsabläufen. Es fällt ihm leicht, sich etwas zu merken, was er in Form von Grafiken oder Bildern gesehen hat.

Der *kommunikative Lerntyp* lernt durch Diskussionen und Gespräche. Für ihn ist die sprachliche Auseinandersetzung mit dem Lernstoff und das Verstehen im Dialog von großer Bedeutung. In Gesprächen sollte er sowohl die Position des Fragenden als auch des Erklärenden einnehmen können.

Für den *motorischen Lerntyp* ist es wichtig, am Lernprozess unmittelbar beteiligt zu sein und durch das

»Learning by Doing« eigenständige Erfahrungen zu sammeln.

Da in der Schule sehr viel gesprochen, nicht ganz so viel visualisiert, noch weniger kommuniziert und am wenigsten agiert wird, sieht es dort für nicht auditive Lerntypen alles andere als rosig aus.

Andersherum: Ein nicht auditiver Lerntyp ist unter anderen Lernbedingungen durchaus in der Lage, mehr zu lernen, als ihm in der Schule gelingt.

> **Ein hilfreicher Gedanke für Eltern:**
> Ich versuche herauszubekommen, wie mein Kind am besten lernt, seinen schulischen Problemen entsprechendes Verständnis entgegenzubringen und ihm selbst möglichst viele positive Lernerlebnisse zu ermöglichen.

»Falsche« Klasse/Schule/Lehrer

Dies ist nun ein Punkt, bei dem ich mich an der eigenen Nase fassen muss, in dem ich selbst eine Meinungsänderung vollzogen habe. Bis vor wenigen Jahren noch vertrat ich die Ansicht, ein Kind müsse und könne sich an die Gruppe anpassen, in die es sozusagen »geworfen« werde. Wer die Ursachen für schulische Schwierigkeiten bei der Klasse oder bei der Schule suche, gerate in Gefahr, sein Kind zu »verzärteln« und davon abzulenken, wo die Schwierigkeiten wirklich sitzen. Inzwischen fühle ich mich eines Besseren belehrt – durch Erfahrungen mit meinen eigenen Kindern und durch Erfahrungen, an denen mich andere Menschen teilhaben ließen.

In einer Schulklasse kann tatsächlich ein Geist herrschen, mit dem viele Individuen gut und ein einzelnes

Schulschwierigkeiten und ihre Ursachen

ganz und gar nicht klarkommt. Es kann sein – um nur ein paar Beispiele zu nennen –, dass Leistung, dass Mode, dass Herkunft hohes Ansehen genießen. Oder eben gar keines. Es kann sein, dass ein sensibles, ein empathisches Individuum in der Gruppe wertgeschätzt oder als »Weichei« verlacht wird. Es kann sein, dass Großsprecher das Sagen haben, und es kann sein, dass ein sehr sozialer Geist herrscht. Und all dies macht es womöglich einzelnen Schülern überaus schwer, sich in der Gruppe wohlzufühlen und zu behaupten.

»Nach dem Wechsel auf das Gymnasium ist unser Kind jeden Morgen todtraurig losgezogen«, erzählt eine Mutter. »Wir wussten erst gar nicht, was los war. Bis wir rausbekommen haben, dass sie sich wie eine totale Außenseiterin fühlte. Die Mädchen in ihrer Klasse hatten sich wohl schnell darauf eingeschossen, sie fertig zu machen, weil sie noch recht kindlich und so gar nicht cool war. Als sie nach einem – wie ich jetzt finde – viel zu langen Leidensweg die Schule wechselte, waren die Schwierigkeiten wie weggeblasen.«

Auch der Geist, der an Schulen herrscht, unterscheidet sich. Setzen manche Schulen mehr auf Auslese, Eliteförderung und »Gelobt sei, was hart macht«, so stellen andere eine breite Begabungsförderung ins Zentrum ihres Bemühens. Die einen bringen vermutlich mehr Leistungsträger hervor, wobei viele ganz auf der Strecke bleiben, weil sie aussortiert werden. Die anderen führen möglichst viele zum Abschluss, wobei vielleicht die Förderung der Leistungsstärksten nicht ganz so ausgeprägt stattfindet. Und davon, wie und was ein Schüler selbst leistet, fühlt und denkt, mag der Grad seines Wohlbefindens oder seines Missbehagens in einer Schule abhängen.

Auch die Art wie der Schulleiter mit den Lehrkräften, wie die Lehrkräfte miteinander und wie beide mit den

Schülern (und deren Eltern!) umgehen, unterscheidet sich von Schule zu Schule.

Schließlich kann es auch mal eine einzelne Lehrkraft sein, mit der ein Schüler persönlich nicht zurechtkommt oder die ihre Sache objektiv gesehen nicht gut macht.

Sollte – nicht als Ausrede, sondern nach reiflicher Abwägung aller möglichen Ursachen – einer dieser Punkte ins Schwarze treffen, ist der elterliche Einfluss eher begrenzt. Natürlich empfehlen sich Gespräche mit Lehrkraft oder gar Schulleitung. Nichtsdestotrotz werden Eltern es wohl kaum schaffen, den Klassen- bzw. Schulgeist oder gar eine Lehrkraft zu ändern. All das auf den Mond zu wünschen, ist verständlich, verspricht aber wenig Erfolg. Es bleibt den Eltern im Einzelfall überlassen, wie sie reagieren. Setzen sie darauf, dass ihr Kind es trotz widriger Umstände packen wird? Oder versuchen sie die Umstände durch einen Klassen- oder Schulwechsel zu bessern?

> **Ein hilfreicher Gedanke für Eltern:**
> Ich bin bereit, genauer hinzusehen: Befindet sich mein Kind in der gegenwärtigen Klasse/Schule tatsächlich in Not? Wenn Letzteres zuzutreffen scheint, versuche ich ihm zu helfen und setze mich zur Not auch für einen Klassen- oder Schulwechsel ein.

Probleme mit der Gruppengröße

Was mir im Laufe meiner Lehrerinnentätigkeit und meines Mutterdaseins immer wieder und immer mehr bewusst wurde: Es gibt Kinder, über die man stöhnend sagt: »Wenn man ihn allein oder in der Kleingruppe um sich hat, klappt alles prima. Dann ist es eine Freude, mit ihm zu reden und zu arbeiten, dann zeigt er Einsatzbereitschaft und Zuver-

Schulschwierigkeiten und ihre Ursachen

lässigkeit. Aber wehe, er sitzt in der großen Gruppe! Dann verändert er sich so sehr zum Negativen, dass es fast schon unheimlich ist.«

In der Schule müssen Kinder täglich mehrere Stunden gemeinsam in einem Raum durchhalten. Oft müssen sie dies in ausgesprochen großen Gruppen tun. Häufig besteht ein – mehr oder weniger hoher – Anteil dieser Gruppen aus Individuen, die »nicht ganz einfach« sind, die gewaltige Päckchen von persönlichen Problemen mit sich herumtragen.

Für manche Kinder stellt es keine Schwierigkeit dar, in solchen Gruppen erfolgreich zu lernen. Für andere offensichtlich schon. Es scheint so zu sein: Nicht jeder Mensch ist für das Lernen in der Großgruppe geeignet.

»Was soll das?«, könnten kritische Zeitgenossen fragen. »Früher waren die Klassen viel größer und wir haben dennoch etwas gelernt.« Richtig! Aber die Zeiten haben sich gewaltig geändert. Wer mit Lehrkräften spricht, weiß, dass eine Klasse mit der scheinbar idealen Schülerzahl von 25 schon zu groß sein kann. Wenn von 25 Schülern zehn unübersehbar mit psychischen Problemen kämpfen, dann kann ein Lehrer dieser Gruppe nicht gerecht werden.

»Was hilft das?«, könnten wiederum Eltern fragen. »Klassen sind in unserem Land nun mal groß. Die werden für mein Kind nicht kleiner.«

Richtig! Aber wer sich bewusst macht, dass die »Massenkindhaltung« eben nicht selbstverständlich und nicht jedermanns Sache ist, wird seinem Kind gegenüber, das damit nicht zurechtkommt, milder gestimmt sein. Und darauf hoffen, dass der weitere berufliche Werdegang sich nicht in der Großgruppe abspielen wird.

> **Ein hilfreicher Gedanke für Eltern:**
> Ich versuche, es meinem Kind nicht zum Vorwurf zu machen, dass es in der großen Gruppe Schwierigkeiten hat. Stattdessen bemühe ich mich, ihm möglichst viele Gelegenheiten zu bieten, seine positiven Eigenschaften zu entfalten.

Starker Individualismus

Einige Kinder haben nicht nur Schwierigkeiten in großen Gruppen zu lernen, sie haben generell Schwierigkeiten sich anzupassen. Und Schule fordert immer auch ein gehöriges Maß an Anpassung. Nun kann man sehr wohl sagen: »Ist ja auch gut so. Nur wer beizeiten lernt, sich anzupassen, wird dazu später in der Lage sein.«

Wer aber genauer hinsieht, stellt fest: Es gibt Menschen, die zu sich selbst, zu Leistung, Erfolg und Lebensglück finden, indem sie sich in eine Gruppe einfügen. Es gibt aber auch solche, deren Stärke ihr Individualismus ist. Eine Wertung darf hier meines Erachtens nicht stattfinden. Weder das eine, noch das andere ist »falsch«.

Falsch aber kann sich Schule, die ja von Haus aus auf das erwähnte Maß an Anpassung setzt, für ausgeprägte Nonkonformisten und Individualisten anfühlen. Genau sie können dadurch in gewaltige Schwierigkeiten kommen. Franz Kafka hat es so formuliert, dass die Schule versuche, die Eigentümlichkeit eines Menschen zu verwischen. Und der französische Schriftsteller Charles Baudelaire, ein generell unangepasster Mensch, wurde wegen undisziplinierten Verhaltens von der Schule gewiesen.

Starke Individualisten können in der Schule mehrfach in die Bredouille kommen. Sie, die von Natur aus eher Einzelgänger sind, müssen sich in Gruppen einfügen,

Schulschwierigkeiten und ihre Ursachen

müssen Tag für Tag jede Menge anderer Menschen um sich herum ertragen. Sie erleben sich dabei manchmal richtiggehend als »falsch«, weil die Mehrzahl der Menschen um sie herum ja spielend zurechtkommt mit dieser Situation. Sie sind es ja, die sich nicht wohl fühlen, die sich zurückziehen wollen, wo andere das Gemeinschaftserlebnis suchen.

Außerdem geraten sie leichter als andere in Konflikt mit Autoritäten, was in der Schule nichts anderes heißt, als mit Lehrkräften. Sie fügen sich nicht so problemlos ein in die Gruppe, sie stimmen dem Lehrer nicht so leicht zu, vielleicht rebellieren sie gar offen.

Insgesamt wird ein Individualist und Nonkonformist es vermutlich seine Schulzeit lang schwer haben.

> **Ein hilfreicher Gedanke für Eltern:**
> Ich lasse den Gedanken zu, dass mein Kind mit seinem persönlichen Naturell in der Institution »Schule« aneckt und sich nicht so wohl fühlt wie der Großteil seiner Mitschüler. Ich mache ihm dies nicht zum Vorwurf, sondern versuche es in seiner Eigenart anzunehmen und zu stärken.

Motivationsverlust

Die allermeisten Schüler sind zunächst einmal voll des guten Willens. Als ABC-Schütze überschreiten sie die Schwelle zur Schule mit einer Riesenportion Motivation im Rucksack. Sie wollen lernen. Sie wollen sich über Lernzuwachs freuen. Sie wollen stolz auf sich sein können. Sie wollen, dass Lehrer und Eltern stolz auf sie sind. Sie lechzen nach Anerkennung. Doch im Laufe eines Schülerle-

Schulschwierigkeiten und ihre Ursachen

bens reihen sich oft mehr Misserfolge als Erfolge aneinander. Das Selbstbewusstsein sinkt oder stürzt ab und mit ihm die Motivation fürs Lernen.

Nun ist es ja so eine Sache mit der Motivation. Als ideal für sinnvolles Lernen gilt die intrinsische Motivation, also die, die in der Sache selbst begründet liegt. Der Schüler lernt etwas, weil ihn das Thema interessiert. Oft genug aber ist man in der Schule schon froh, wenn es gelingt, Schüler extrinsisch zu motivieren, d.h. mit Lern- und Arbeitsanreizen, die nicht in der Sache selbst liegen. Sie lernen dann nicht deshalb, weil sie die Sache so interessant finden, sondern weil der Lehrer nett ist, weil sie gelobt werden wollen, weil sie sich eine gute Note erhoffen ... Viele Schüler sind dazu bereit.

Wenn aber zunehmend beides wegfällt – der Spaß an der Sache selbst und die Belohnung dafür, dass man sich auch ohne Spaß mit der Sache beschäftigt –, dann bleibt manchen Schülern gar nichts mehr. Sie quälen sich in die Schule und sie quälen sich durch die Schule – getreten von den Eltern, getadelt von den Lehrern, beladen von Schuld- und Versagensgefühlen.

Manchmal löst schon ein anerkennendes Lehrerwort, ein Erfolgserlebnis im rechten Moment einen neuen Motivationsschub aus. Dies habe ich bei meinen eigenen Kindern und bei meinen Schülern immer wieder erlebt. Oft aber bleibt dieses Wort aus. Ich möchte nicht wissen, wie oft ich selbst als Lehrerin den rechten Zeitpunkt übersehen habe. Auf keinen Fall will ich den Lehrern und Eltern die Schuld daran geben. Große und zahlreiche verschiedene Klassen, das Tagesgeschäft, in dem man selbst bis zum Anschlag steckt, die eigenen Probleme, dies alles und noch viel mehr verstellt den Blick auf das, was oft so einfach und so nötig wäre.

65

Schulschwierigkeiten und ihre Ursachen

Gerlinde B., 52, Lehrerin

Einer meiner Söhne, in der letzten Zeit mit schulischen Erfolgen nicht gerade verwöhnt, schrieb in einer Arbeit eine Eins, als einziger Junge. »Und, hat sie dich ein bisschen gelobt?«, fragte ich hoffnungsvoll. »Nein, gar nicht«, antwortete er, »sie hat mir die Arbeit einfach nur gegeben.« Ich spürte, wie gut es ihm getan hätte, auch nur eine klitzekleine Geste der Anerkennung zu spüren. Aber seiner Lehrerin war dies wohl nicht bewusst.

Viele Schüler lechzen nach Erfolgserlebnissen, aber es kommen keine. Weder in Worten, sprich: Lehrerlob, noch in Taten, sprich: guten Noten. Auf diese Weise kann es im Laufe der Monate und Jahre zu einer regelrechten Motivationskrise kommen, die dann auch noch einen Teufelskreis nach sich zieht: Weil der Schüler keine Motivation mehr hat, lernt er schlecht. Weil er schlecht lernt, bekommt er schlechte Noten. Weil er schlechte Noten hat, traut er sich selbst nichts mehr zu. Weil er sich selbst nichts mehr zutraut, fällt es ihm immer schwerer, sich selbst zu motivieren. Weil ...

Manchmal hilft es schon, wenn Eltern das Gespräch mit den Lehrern suchen. Lehrer sind oft dankbar dafür, wenn Eltern ihnen einen Blick in die Seele eines Schülers gestatten, der ihnen im Schulalltag verwehrt ist. Oder wenn sie etwas erfahren, dass nicht sichtbar, aber dennoch wahr ist.

Vor vielen Jahren, als meine Kinder noch in die Grundschule gingen, sah ich meinem Sohn gerührt dabei zu, wie er sich eifrig und ausdauernd durch eine Mathematikaufgabe quälte. Obwohl die Arbeit mehr Zeit in Anspruch nahm, als der Junge veranschlagt hatte, murrte er nicht, sondern hielt mit großer Würde bis zuletzt durch. Das Ergebnis war richtig, aber vom Äußeren her nicht schön geraten. Ich hatte mit eigenen Augen gesehen, wie sehr er sich gemüht hatte und brachte es nicht übers Herz,

Schulschwierigkeiten und ihre Ursachen

ihm ein »Das machst du am besten noch mal!« nahezulegen. So lobte ich ihn also und hoffte auf eine einfühlsame Reaktion der Lehrkraft. Wenige Tage später entdeckte ich unter der besagten Aufgabe ein »Schlampig!« Mir schnitt es ins Herz, ich konnte mir gut vorstellen, wie die Lehrerbemerkung auf mein Kind gewirkt hatte. Nun hätte ich ja gerne der unsensiblen Lehrkraft gegrollt, aber ich kannte die besagte Dame gut genug, um zu wissen, dass ihr das Wohl ihrer Schüler am Herzen lag. Sie hatte einfach nicht hinter die Kulissen geblickt und vom unschönen Äußeren auf mangelnde Sorgfalt geschlossen. Genau genommen, konnte sie es nicht besser wissen.

Genauso, wie Lehrer nicht wissen können, dass an diesem einen Nachmittag, an dem für sechs Fächer zu lernen war, das Kaninchen gestorben ist und der Kopf rein gar nichts aufnahm. Oder dass täglich unter Zeugen Vokabeln gelernt werden, aber zurzeit aus ungeklärter Ursache nicht haften bleiben.

Es gibt also durchaus Situationen, in denen ein Eltern-Lehrer-Kontakt hilfreich sein, vielleicht gar die Wende bringen kann. Manchmal aber scheint schulisch über lange Strecken der »Wurm« drin zu sein. Dann können Eltern nur versuchen, nicht auch noch selbst an der Demotivations- und Selbstwertverlust-Schraube zu drehen. Dann können sie ihrem Kind zur Seite stehen, anstatt es zu verurteilen.

Ein hilfreicher Gedanke für Eltern:
Ich tue alles, um den Teufelskreis zu durchbrechen und versuche selbst, meinem Kind sein Selbstbewusstsein und seine Motivation zurückzugeben – auch oder besonders durch außerschulische Erfolgserlebnisse.

Prüfungsangst/Prüfungsversagen

Im gesamten Leben wird die Arbeitsleistung nie in dem Maße kontrolliert wie in der Schule. Kein Erwachsener würde sich am Arbeitsplatz solch rigider Kotrolle, wie in der Schule üblich, unterwerfen, niemand würde sich so etwas gefallen lassen.

Schüler sind regelmäßigen Leistungskontrollen – ob angesagt oder unangesagt – unterworfen. Schulaufgabe, Lernzielkontrolle, Probearbeit, Test, mündliches Abfragen – egal, welchen Namen die Prüfung trägt, für Schüler heißt das: Stress.

Immer wieder gibt es Tage, an denen sie in sechs Fächern damit rechnen müssen, geprüft zu werden. Manche Schüler haben damit kein Problem. Sie sind gut, wenn sie gut vorbereitet sind. Und sie sind schlecht, wenn sie nicht gelernt haben. Andere sind unter Prüfungsdruck in der Lage, sich besonders gut zu konzentrieren und zeigen ihr Bestes.

Eine dritte Gruppe aber leidet. Weil sie sich in Prüfungssituationen unter Wert verkauft. Schüler, die dieser Gruppe angehören, berichten immer wieder von einem »Blackout, der plötzlich da war und leider den Großteil der Prüfungszeit anhielt«, davon, dass sie »plötzlich nichts mehr wussten«, davon, dass sie »alles durcheinander gebracht haben«.

Prinzipiell kann die Anspannung, die ein Mensch in Prüfungssituationen empfindet, die Konzentration fördern. Wenn der Stress aber das gesunde Maß übersteigt, wird das Hirn derart von Stresshormonen überflutet, dass wichtige Gedächtniszentren blockiert sind. Das Gelernte scheint dann wie weggeblasen.

Eine gewisse Zeit ordnete ich, die ich das Glück hatte, unter Prüfungsdruck zur Höchstform aufzulaufen, solche

Geschichten dem Bereich »Ausreden« zu. Auch als junge Lehrerin misstraute ich Eltern, die Stein und Bein schworen, zu Hause habe ihr Sprössling alles gewusst.

Heute aber weiß ich, dass es das gibt. Spätestens, seit ich bei einem meiner Kinder immer wieder Folgendes erlebte: Vor angesagten Leistungskontrollen wiederholten wir – auf seinen Wunsch – gemeinsam den Stoff. Am Ende und damit rechtzeitig zur Prüfung erschien mir mein Kind überaus souverän. Ich war beruhigt und dachte: Eine Zwei müsste zu schaffen sein, schlechtestenfalls eine Drei! Doch es kam weder die Zwei noch die Drei. Manchmal gab es eine Vier, gelegentlich sogar eine Fünf. Nach anfänglicher Fassungslosigkeit meinerseits und großer Enttäuschung seinerseits pendelten wir uns beide dabei ein, froh zu sein, wenn es keine Fünf gab, und glücklich, wenn es gar für die Drei reichte. Auch als junger Erwachsener schildert er mir immer wieder: »Es ist plötzlich alles wie weggeblasen. Ich starre auf das leere Blatt und mir fällt vieles nicht ein, was ich so gut konnte.« Alle Entspannungstechniken dieser Welt, alle Tricks und Tipps konnten ihm da nicht helfen.

In Gesprächen schilderten mir inzwischen auch eine Reihe anderer durchaus glaubwürdiger Menschen dieses Problem. Seine Folgen: Wer eine gewisse Zeit immer wieder schlechtere Noten bekommt, als er »verdient« hätte, gewöhnt sich daran und erwartet auch nichts anderes mehr. Er gerät in einen Teufelskreis, ist aufgeregt, weil er sich wieder einer belastenden Prüfungssituation ausgesetzt fühlt. Da er aufgeregt ist, hat er vieles nicht präsent, was er gelernt hat und weil er es nicht präsent hat, schneidet er in der Prüfung schlechter ab, als es seinem Wissen und Können entspricht. Da er schlecht abschneidet, empfindet er Prüfungssituationen als belastend und weil er Prüfungssituationen als belastend empfindet, ist er aufgeregt ...

Gabi Z., 47, Steinmetzin

Bei mir war es so, dass ich von Anfang an das Gefühl hatte: Mathematik kann ich nicht, ich finde da keinen Zugang. Wenn den anderen das so leicht fällt, muss irgendetwas mit mir nicht stimmen.

Ich war regelrecht panisch, wenn ich etwas hätte wissen sollen. In Prüfungssituationen habe ich viele Dinge komplett vergessen. Ich konnte es zu Hause wirklich, aber in der Prüfung war alles weg. Schon die Situation an sich, das Alleinesitzen, das Aufstellen der Ordner zwischen den Schülern war für mich schrecklich.

Gut erinnere ich mich auch noch daran: Ich bin Grundschülerin, wir sind in der Küche, ich sitze auf dem Fuß meines Vaters, er fragt mich das Einmaleins ab. Ich habe das als ganz furchtbar in Erinnerung, obwohl mein Vater ein lieber Mensch ist. Er hat mich mit Sicherheit nicht geschimpft oder bewusst unter Druck gesetzt. Dennoch habe ich gespürt, dass er nicht verstehen konnte, warum ich so dumm bin. So war die ganze Schulzeit für mich ein Alptraum. Immerzu hatte ich das Gefühl: Die anderen wissen etwas, das ich nicht weiß. Ich aber verstecke mich bloß, mogle mich nur durch. Besser, viel besser wurde es in der Lehre. Dort lobte man mich, gab mir zu verstehen, dass ich tüchtig, zuverlässig, fleißig war und dass ich eine schnelle Auffassungsgabe habe. Bei Prüfungen war ich aber immer noch schlechter, als ich es hätte sein können. Ich lernte zum Beispiel mit anderen, erklärte ihnen alles – und sie schrieben dann die Eins, ich nur die Zwei. In der Prüfung habe ich einfach einen Teil vergessen. So richtig lernen habe ich erst später gelernt. Lange Zeit dachte ich wirklich, ich kann es nicht.

Bis ins späte Erwachsenenalter hatte ich böse Alpträume, die sich stark ähnelten: Eine Probearbeit wurde herausgegeben und ich bekam die Sechs.

Schulschwierigkeiten und ihre Ursachen

> **Ein hilfreicher Gedanke für Eltern:**
> Ich akzeptiere, dass mein Kind ein Problem mit Prüfungssituationen hat und werde ihm dies nicht immer wieder zum Vorwurf machen. Ich versuche – eventuell mit professioneller Hilfe – ihm zu mehr Gelassenheit zu verhelfen.

Zeitlich begrenzte Probleme

Pubertätskrise

Der Autor und Erziehungsexperte Jan-Uwe Rogge gibt an, dass 50 Prozent seiner Elternberatungen mit Schulproblemen der Kinder zu tun haben, besonders häufig in der Zeit der Pubertät. Bei der Hälfte aller Pubertierenden sinke der Notendurchschnitt um zwei Noten nach unten, also von einem sehr gut auf befriedigend, von befriedigend auf mangelhaft ... Rogge vergleicht den Kopf des Pubertierenden mit einer Chemiefabrik, die Hormone produziert. Es sei einfach kein Platz für Schulisches.

Dies kann jeder vernünftige Mensch verstehen. Immerhin war man ja selbst mal jugendlich und anderweitig interessiert. Wenn das eigene Kind aber in die Pubertät stürzt, löst das bei vielen Eltern einen Schock aus. Dieses bisher so nette und so vertraute Wesen verhält sich nicht nur mit einem Male zickig und bockig, nein, es bringt auch miserable Noten nach Hause. Das kann nicht sein. Das darf nicht sein. Da kann man nicht zuschauen.

Gerade weil man Pubertierende auf ihrer Achterbahn der Gefühle, Launen und Probleme so schlecht erreichen kann, ist dies für Eltern oft ein heftiger Nerventest. Wer allerdings schon einmal Zeuge wurde, wie ein junger Mensch nach einiger Zeit wieder auf geraden Kurs kam und seinen Weg selbstgesteuert weiterging, wird gelassener. So, wie diese Mutter von fünf Kindern freimütig erzählt:

Johanna W., 55, Hausfrau

Ich habe fünf Kinder: drei erwachsene Söhne, eine Tochter von 20 und eine von 15. Mein erster Sohn fing im Pubertätsalter an, die Schule zu schwänzen und legte sich mit seinen Lehrern an. Bei meinen nächsten beiden Söhnen gab es dann viel weniger Probleme. Ich hatte ja schon Übung, und ich fühlte mich von vornherein nicht mehr so sehr verantwortlich, als sie anfingen zu pubertieren. Heute haben zwei der Jungen ein Studium beendet und der dritte ist auf dem besten Weg dorthin. Tatsächlich hat nur eines meiner fünf Kinder diesen Hänger nicht gehabt. Zwei haben die 11. Klasse wiederholt. Dann lief es wieder. Heute fragt sie keiner mehr danach. Ich denke inzwischen, in diesem Alter darf die Pubertät Vorrang haben, und die Schule kann mal etwas zurückstehen.

Die Pubertät ist ja nicht nur wegen der körperlichen Veränderungen für die Heranwachsenden eine harte Zeit. Nein, in dieser Phase vollzieht sich auch im Seelenleben ein enormer Wandel: Sehnsucht nach Freiheit und Unabhängigkeit, aber auch Angst vor all dem Neuen und Unbekannten – Jugendliche fühlen sich da schrecklich hin- und hergerissen. Zum einen erfolgt die (nötige) Ablösung von den Eltern, andererseits werden Freundschaftsbeziehungen in Gruppen, Cliquen oder Banden immer wichtiger. Außerdem ist die Pubertät eine Zeitspanne großer Verletzlichkeit. Viele fühlen sich hässlich und »verkehrt«, die Seelenhaut ist so dünn, dass jede Gehässigkeit von außen tiefe Wunden reißt. Erste Liebeskontakte, von den Erwachsenen gerne als »klein« und unbedeutend bewertet, werden zum zentralen Thema. Erst ganz allmählich finden Jugendliche über quälende Selbstzweifel und radikale Hinterfragung gesellschaftlicher Normen und Werte zu einer gefestigten persönlichen Identität. Was nicht vergessen werden darf: Gerade in dieser Phase, die oft geprägt ist von Müdigkeit, niedrigem Blutdruck, Glieder- und Gelenkschmerzen, Rückenbeschwerden, aber auch von depressiven Verstimmungen und Lustlosigkeit, wird von den Jugendlichen in sehr hohem Maß schulische Leistung verlangt.

Wer sich dies alles immer wieder vor Augen hält, tut sich leichter damit, seinem pubertätsgeplagten Kind Verständnis zu zollen und es nicht durch Vorwürfe, Druck und Schreckensszenarien zusätzlich zu belasten.

> **Ein hilfreicher Gedanke für Eltern:**
> Ich vertraue darauf, dass auch mein Kind das Abenteuer »Pubertät« übersteht und bedränge es nicht, sondern begleite es freundlich, aber bestimmt.

Seelische/körperliche Probleme

Kummer, Sorgen und Brüche in der Entwicklung wie Umzug, Trennung/Scheidung, Todesfälle, Misshandlungen, schwere und/oder chronische Krankheiten, Depressionen und Mobbing – all dies kann sich negativ auf die schulische Leistung auswirken. Dies leuchtet meist auch den Eltern ein. Oft aber bekommen gerade die nächsten Bezugspersonen gar nicht so recht mit, womit sich das eigene Kind herumplagt.

Selbst vermeintlich positive Erlebnisse wie die Geburt eines Geschwisterchens können ein Kind so aus der Bahn werfen, dass es schulisch absackt.

2.2.5 Schulschwierigkeiten und ihre Ursachen

Olga A., 40, Studentin

Ich erinnere mich noch genau, wie das war, als mein kleiner Bruder geboren wurde. Bis dahin fühlte ich mich als absoluter Stern am Elternhimmel. Ich war immer lieb gewesen, ich galt als sehr hübsches Kind, ich war davon überzeugt, »richtig« zu sein. Doch mein Vater, der sich sehr einen Jungen gewünscht hatte, fuhr total auf meinen Bruder ab. Das war ihm selbst wohl gar nicht bewusst. Aber mir schnitt es ins Herz. Mit einem Mal fühlte ich mich zweitklassig. Tatsächlich sanken meine Noten ab, und zwar so sehr, dass ich so ganz allmählich in der Schublade »lieb und hübsch, aber dumm« landete. Dieses Image klebte an mir, ich glaubte es schließlich selbst und quälte mich durchs Gymnasium. Auch bei meiner ersten Berufswahl unterstützten mich meine Eltern in einem Beruf, der für mich »richtig«, d.h. geistig nicht zu anspruchsvoll war. Erst viel später wurden mir diese Zusammenhänge bewusst. Jetzt endlich studiere ich und spüre, dass ich sehr wohl geistig leistungsfähig bin.

Für Eltern ist es nicht leicht, richtig zu reagieren. Gerade wenn sie das Problem nicht erkennen oder wenn es – in ihren Augen – nicht groß ist, sind sie oft ratlos und haben keine Ahnung, was sich in der Seele ihres Kindes abspielt.

Brigitte A., 37, Geschäftsfrau

Als ich aufs Gymnasium kam, war ich ein dickes, unsportliches und schüchternes Kind. In der Grundschule hatte das keine große Rolle gespielt, aber auf dem Gymnasium entwickelte ich mich sehr schnell zur Außenseiterin. Meine beste Freundin wandte sich von mir ab, die Klasse machte sich über mich lustig und – was besonders schlimm war – mein Lateinlehrer gab dem ganzen Futter. Wenn er mich ausfragte und ich nichts wusste, genügte es ihm nicht, mich zu tadeln, nein, er machte sich ausgiebig vor 36 Schülern über meine Figur lustig.

Kein Lehrer bemerkte, wie dreckig es mir ging. Ich zog mich immer mehr in ein Schneckenhaus zurück. Auf mein Selbstwertgefühl wirkten sich diese Jahre fatal aus. Bis heute – und ich bin längst nicht mehr dick – habe ich Hemmungen, an einer Gruppe von Menschen vorbeizugehen. Ganz tief in mir sitzt da die Angst, wieder verlacht zu werden. Ich bin überzeugt, ich wäre besser in der Schule gewesen, wenn dieses Mobbing, und als solches muss man es bezeichnen, nicht gewesen wäre. Meine Mutter, eine sehr ehrgeizige Frau, drehte fast durch, als ich in der Schule immer schlechter wurde. Ich hatte damals das Gefühl, Schulisches war ihr wichtiger als meine menschlichen Qualitäten. Als ich dann auf die Realschule wechseln musste, hatte ich nur einen Wunsch: nie mehr eine Außenseiterin zu sein. Und so wurde ich zum Klassenclown. In dieser Zeit bin ich leidenschaftlich gern zur Schule gegangen, aber getan habe ich für die Schule nichts. Und so schloss ich mit einem schlechten Zeugnis ab. Die Wende kam in der Lehre. Dort vermittelte man mir das Gefühl, wertvoll zu sein und etwas zu können. Heute habe ich ein eigenes Geschäft und bin mit meiner persönlichen und beruflichen Entwicklung sehr zufrieden.

Neben seelischen Problemen wie Eifersucht oder Minderwertigkeitsgefühlen kann es auch bei Kindern und vor allem Jugendlichen zu regelrechten psychischen Erkrankungen kommen. Laut Hans-Jürgen Tölle vom Zentralen Schulpsychologischen Dienst der Stadt München nehmen Depressionen bei Schülern seit etwa acht Jahren stark zu. Im Gegensatz zu den selbstzerstörerischen Auswirkungen der Depression wie Magersucht oder Selbstverletzen durch Ritzen der Haut sei die »stille« Depression nicht so leicht zu erkennen. Eltern wie Lehrer merkten deshalb oft gar nicht, was mit den Kindern los sei, da die meisten depressiven Kinder in der Schule überangepasst auftreten.

Schulschwierigkeiten und ihre Ursachen

Oft schlagen die Eltern erst Alarm, wenn sich die schulischen Leistungen rapide verschlechtern und sie ihr Kind mit Worten nicht mehr erreichen. Dann kann professionelle Hilfe dazu beitragen, dass sie wieder mit ihrem Kind in Kontakt treten können.

Mandy L., 17

Bei mir gab es in der Schule Probleme, weil ich depressiv war und mich nicht mehr auf die Schule konzentrieren konnte. Mein Selbstwertgefühl wurde immer kleiner. Ich entfernte mich von allen. Meine Mutter, die mir damals vielleicht hätte helfen können, kam nicht mehr an mich heran. Genauso wenig andere Leute, die mir damals eigentlich wichtig waren. Die Wende kam erst durch meine jetzige beste Freundin. Sie hat mich aus meinem Loch geholt.

Aus jetziger Sicht würde ich Eltern auf jeden Fall raten, mit ihren Kindern zu reden. Ich denke, bei vielen ist es so ähnlich wie bei mir. Sie haben Probleme, über die sie nicht reden können. Weil die heutige Jugend nur stark sein muss. Es darf keine Schwäche gezeigt werden. Das macht viele Kinder verbittert. Ein Problem ist aber auch, dass Kinder nur vor dem PC, vor Konsolen oder vorm Fernsehen hocken, weil viele Eltern keine Zeit haben. Eltern aber sollten ihre Kinder fördern.

Ein hilfreicher Gedanke für Eltern:
Es könnte sein, dass mein Kind Probleme hat, von denen ich nichts ahne. Ich versuche, ihm nah zu bleiben, auch wenn es mich zeitweise nicht an sich heranlässt oder sogar von sich stößt. Unter Umständen bin ich auch dazu bereit, professionelle Hilfe in Anspruch zu nehmen.

Weitere Gründe, warum es schulisch nicht klappen kann

Über die genannten Gründe hinaus kann es schulisch auch deshalb nicht klappen, weil der Schüler

- massive Konzentrationsprobleme hat;
- durch andere Interessen stark abgelenkt ist;
- generell nicht bereit ist, sich anzustrengen – aus welchen Gründen auch immer;
- die Institution »Schule« prinzipiell ablehnt;
- in einem Freundeskreis verkehrt, bei dem Leistungsverweigerung »in« ist.

Wenn Eltern den Eindruck haben, dass einer dieser Punkte bei ihrem Kind zutrifft, sollten sie nachdenken und sich selbstkritisch fragen, worin ihr Anteil an der Misere und ihre Möglichkeiten der Einflussnahme liegen könnten. Sollten sie dabei zu dem Schluss kommen, dass sie selbst Mitschuld haben, ist Verzagen die falscheste Reaktion. Es gibt wohl kaum eine Situation, die so verfahren ist, dass sie nicht gerettet werden kann. Wohl aber Situationen, in denen man sich selbst nicht mehr zu helfen weiß. Wenn es Eltern also nicht gelingt, eine Änderung herbeizuführen, kann es ratsam sein, professionelle Hilfe in Anspruch zu nehmen.

Welche nun die Ursachen bei Ihrem Kind sind, ob es sich nur um eine oder um ein ganzes Potpourri handelt, ob Sie es alleine schaffen oder lieber professionelle Hilfe hinzuziehen – was Sie ganz unabhängig von den Ursachen immer wieder tun können: Ihr eigenes Verhalten, Ihre eigene Einstellung zum Thema »schulisches Versagen« selbstkritisch hinterfragen.

Weil man so oft nicht »hineinsieht« in die eigenen Kinder, kommen hier zwei zu Wort, die die kritische Phase noch gar nicht so lange hinter sich haben. Allein diese Erfahrungsberichte zeigen, wie vielfältig Ursachen und Auswirkungen von schulischem Misserfolg sein können.

Jonas, 19, 12. Klasse

Ich glaube, meine schulischen Probleme wurden dadurch verstärkt, dass ich durch die Trennung meiner Eltern ein bisschen die Orientierung verloren habe. Das darauffolgende Jahr habe ich nicht geschafft, weil ich keine Lust mehr hatte, für das von mir als sinnlos angesehene Fach Latein zu pauken. Auch im höchstgeliebten Fach Englisch hatte ich keinerlei Lust, die Vokabeln zu lernen. In beiden Fächern war ich aber bereit, meine mündlichen Beiträge zu leisten und so klappte das dann auch im nächsten Jahr ohne zu lernen.

Oft läuft es bei mir so: Ich strenge mich am Anfang des Schuljahrs gerne an. Ich bekomme nach ein bisschen Lernen 14 Punkte in der Kunstklausur und 13 in Mathe. Ich denk mir: »Hoppla, das ging aber leicht.« Die Belohnung? Ein »Gut gemacht!« vom Lehrer und von allen, denen man's noch extra unter die Nase reiben muss. Das war's dann.

Wenig später schreiben wir immer mehr Klausuren, dann werde ich immer schlechter, weil die so schnell nacheinander kommen und die ersten so leicht waren. Und schon bin ich wieder richtig schlecht, dann hab ich erst recht keinen Bock mehr zu lernen.

Die Schule ist also eine Achterbahn, auf und ab. Oder, besser noch, eine Welle.

Meine Probleme haben sich nach der Klassenwiederholung dennoch bald erledigt, denn wenig später war Latein aus meinem Stundenplan verschwunden, und noch ein Jahr später gab's dann in der Oberstufe meinen Wunschstundenplan. Die meisten Fächer machen mir jetzt Spaß. Außerdem habe ich mehr Motivation durch meine »Streber«-Freundin.

Meine Erfahrung: Die Schule interessiert sich nicht für das, was ihre Schüler außerhalb der Klassenzimmer machen und leisten, sofern sie nicht Landesmeister im Judo, Kegeln,

Crosslauf oder im Eisgehüpfe werden. Engagiert man sich politisch (bei mir ist es die »Grüne Jugend«), wird man in die »Vorurteilsschublade« gesteckt.

Was ich den Eltern schlechter Schüler sagen möchte: Vielleicht kümmern Sie sich oft auch auf die falsche Weise um Ihre Kinder. Manche brauchen mehr Führung, manche würden gern mehr Freiheiten haben. Auf jeden Fall ist Interesse am Geleisteten nicht falsch und Unterstützung oft wichtiger, als zusammen vor dem Fernseher zu sitzen oder das Kind für seine schlechten Leistungen hart zu bestrafen.

Natalie, 19, 13. Klasse

Wenn ich heute auf meine schulischen Probleme zurückblicke, die etwa zwei Jahre anhielten, sehe ich als eine Ursache die Tatsache, dass meine Eltern mir nicht helfen konnten. Zum anderen war die schlechte Klassengemeinschaft schuld. Auf mein Selbstwertgefühl wirkte sich das demotivierend und sogar depressionsfördernd aus. Auch meine sozialen Fähigkeiten und mein soziales Leben litten darunter.
Andererseits waren diese Probleme für mich irgendwie herausfordernd und schließlich stärkend. Es trägt zum Erwachsenwerden bei, wenn man lernt Probleme anzusprechen und sie zu lösen. Unterm Strich fand ich's trotzdem eher negativ als positiv. Ich glaube überhaupt, dass die wenigsten Kinder es toll oder stärkend für ihr Selbstbewusstsein finden, wenn sie durchfallen, da dies ihnen automatisch mitteilt, versagt zu haben. Die Wende kam für mich durch eine bessere Klassengemeinschaft und persönliche Reife. Ich wusste nun, was ich zu tun hatte, wurde durch nettere Leute motiviert und konnte mit Rückschlägen besser umgehen.
Ich finde, Eltern sollten mit ihren Kindern reden, aber nicht erst, wenn es Probleme gibt. Wenn sie es erst bei Problemen tun, ist es fraglich, ob die Kinder sich noch öffnen.

Schulschwierigkeiten und ihre Ursachen

Vieles und vielerlei kann also dazu führen, dass es schulisch bergab geht. Wenn es schief läuft, erhalten die Eltern von der Schule negative Rückmeldung. Was hat es damit auf sich?

Was die Schule an Ihrem Kind auszusetzen hat –

obwohl es fürs Leben gar nicht so schlecht ist

»Ihr Kind ist zu faul«

Diesen Satz könnte man als Klassiker bezeichnen. Generationen von Eltern mussten sich ihm stellen. Generationen von Eltern blieb nichts anderes übrig, als sich einzugestehen: »Hilfe, mein Kind hat keinen Ehrgeiz! Es ist nicht bereit sich anzustrengen.« Einen kleinen Trost birgt dieser Satz aber auch: »Immerhin – mein Kind ist nicht dumm. Es könnte viel besser sein, ... wenn es nur wollte.«

Aber warum will es nicht? Warum ist es nicht bereit, so fleißig zu arbeiten, wie die Schule das gerne hätte?

Gemeinhin wird an dieser Stelle die elterliche Gewissenserforschung in Gang gesetzt:

Habe ich meinem Kind zu viel abgenommen? Habe ich es zu wenig zum Arbeiten erzogen? War ich ein schlechtes Vorbild? Übe ich zu wenig Druck aus? Übe ich zu viel Druck aus?

Ja, ein ehrgeiziger Schüler genießt gemeinhin große Wertschätzung bei seinen Lehrern und ist die Freude seiner Eltern. Ja, das Kind weiß, was es will, es hat Biss, es ist bereit sich anzustrengen und scheut keinen Wettbewerb.

An dieser Stelle ein Blick auf die Begriffsklärung, die uns die Wikipedia-Enzyklopädie anbietet:

»Ehrgeiz ist das mehr oder weniger starke Bemühen, ein bestimmtes Ziel zu erlangen, etwa Anerkennung, Autorität, Ruhm, Ehre oder Geld. Er zielt unter anderem auf eine Bewahrung oder Steigerung des Selbstwertgefühls in einer Gemeinschaft aus Wettbewerbern und steht in enger Beziehung zur eigenen Eitelkeit. Im Extremfall (Ehrsucht oder auch Ehrbegierde) kann er dazu motivieren, Konkurrenten durch Leistung oder gar Intrige in den Schatten zu stellen bzw. zu verdrängen. Im Normalfall ist es aber durchaus ein positiver Charakterzug, man spricht dann vom sogenannten gesunden oder sportlichen Ehrgeiz.«

Eine Studie der British-Columbia-Universität in Vancouver ergab, dass ehrgeizige Jugendliche eine wesentlich höhere Konzentration des Proteins CRP aufwiesen als ihre weniger ehrgeizigen Altersgenossen. Da CRP ein Entzündungsmarker ist und als Risikoindikator für Arteriosklerose gilt, schlussfolgerten die für die Studie verantwortlichen Wissenschaftler daraus, dass die Ehrgeizler auf dem besten Weg zu einer chronischen Erkrankung sind. Der Rat der Wissenschaft: sich von hochgesteckten Lebenszielen zu verabschieden.

Was allerdings auch aus dieser Studie hervorging: Ehrgeizige Menschen trauern ihren verpassten Zielen nicht lange nach, sondern stürzen sich voller Energie auf neue Ziele.

Der Neurobiologe Professor Gerald Hüther, einer der renommiertesten deutschen Hirnforscher, räumt ein, es sei für Eltern schwierig, die Balance zu finden. »Wir leben in einer stark auf Konkurrenz und Rivalität ausgerichteten Gesellschaft. Da wird aus Fördern und Fordern schnell strammer Ehrgeiz. Und diesen Ehrgeiz reden wir uns dann als ›Zukunftskompetenz‹ schön, weil sich mit ihm Macht und Erfolg scheinbar leicht realisieren lassen. Unseren Kindern tun wir mit solch einer Haltung aber keinen Gefallen.«

Dass gesunder Ehrgeiz auch heißen kann, sich die Kräfte klug einzuteilen, bestätigt der an der Universität Marburg lehrende Hochbegabten-Experte Prof. Detlef H. Rost. Hochbegabte, von denen man landläufig erwarte, dass sie aufgrund ihres Potenzials ständig Einser schreiben, seien oft zufrieden mit einem Zweier-Zeugnis, weil sie sich dafür nicht anstrengen müssen und ihnen so mehr Zeit für ihre breit gefächerten außerschulischen Interessen bleibe.

Wenn die Balance nicht stimmt, wenn das Kind beim besten Willen die Kräfte nicht sinnvoll einteilt, sondern schlichtweg viel zu wenig arbeitet, dann ist dies für die Eltern schlimm. Gerade Eltern, die es wirklich gut meinen und sich selbst als tüchtig und arbeitsam erleben, können häufig nicht damit umgehen, dass ihr Kind so faul ist.

Ich selbst spüre noch heute den Schlag, den mir ein Lehrer einst in der Elternsprechstunde versetzte: »Ich habe in all meinen Berufsjahren noch nie einen Schüler erlebt, der jeden Tag aufs Neue unvorbereitet in meinen Unterricht kommt und dabei so gelassen wirkt wie Ihr Sohn.« Ich hatte Mühe, die Haltung zu bewahren, als mir der Pädagoge dies so unverblümt ins Gesicht sagte.

Doch auch wenn sich beim besten Willen nicht behaupten lässt, dass die Faulen die Welt aus den Angeln gehoben hätten, so ist es doch falsch zu sagen: Faulheit ist prinzipiell negativ zu bewerten. Nicht wenige Erfindungen verdankt diese Welt einem Faulpelz. Einem, der es leid war, sich für etwas anzustrengen, was auch mit weniger Einsatz zu erreichen war.

Die Domestikation wilder Tiere und der Anbau von Nahrungsmitteln geschahen unter anderem, weil sich die Menschen die Mühen des Jagens und Sammelns ersparen wollten. Die ersten Rechenmaschinen und schließlich auch der Computer selbst wurden nur deshalb erfunden, weil es Menschen gab, die zu faul waren, selbst zu rechnen.

Der Arzt und Coach Dr. Jörg-Peter Schröder, der sich in den Bereichen Prävention und Gesundheitsmanagement einen Namen gemacht hat, ist seit 18 Jahren in Richtung authentischer und gesunder Persönlichkeitsentwicklung erfolgreich tätig. In seinem Buch *Der Omega-Faulpelz* räumt er gründlich auf mit dem Mythos vom hart erarbeiteten Erfolg. Seine provozierende These: Wer angestrengt schuftet, hat einfach keine Zeit, erfolgreich zu sein. Weniger Tun heißt oft mehr Zeit für das wirklich Wesentliche. Erfolg ist die Folge, wenn Menschen sich selbst folgen.

Der österreichisch-amerikanische Biochemiker und Schriftsteller Erwin Chargaff (1905–2002) lieferte wichtige Beiträge zur Entschlüsselung der DNA-Struktur und machte sich als stilistisch geschliffener und kritischer Essayist auch außerhalb der Welt der Forschung einen Namen. Selbstironisch verglich er sich jedoch gelegentlich mit dem Erzfaulpelz Oblomow, dem der russische Schriftsteller Gontscharow ein Denkmal gesetzt hatte. Infolge »Trägheit« sei er, Chargaff, nicht in naturwissenschaftliche »Ruhmeshallen« und nach 40-jähriger Forschungstätigkeit sang- und klanglos in den Ruhestand gelangt, sagte er von sich. Nichtsdestotrotz legte der deklarierte »Müßiggänger« seit Mitte der 1970er Jahre einen enormen Schreibfleiß an den Tag, der der Nachwelt zahlreiche (Buch-)Publikationen bescherte. Von Chargaff stammt auch der Satz:

Müßiggang ist aller Künste Anfang.

Sehen Sie bitte von der rein negativ bewertenden Betrachtungsweise ab! Wenn Ihr Kind schulisch faul ist, muss dies nicht bedeuten, dass es chronisch faul ist, dass es sein Leben lang nichts arbeiten, nichts leisten wird. Betrachten Sie dieses Kind doch einmal genauer: Sind da nicht etliche Dinge in seinem Leben, für die es sich sehr wohl anstrengt? Oder ist es wirklich grundsätzlich und rundherum faul? Wirkt es auf dem Fußballplatz nicht extrem anstrengungsbereit? Hängt es sich nicht gewaltig rein, wenn es um gewisse Sammelkartensysteme geht? Übt es auf dem Skaterplatz nicht wieder und wieder denselben Bewegungsablauf? Kämpft es im Computerspiel nicht verbissen ums nächste Level? Vermutlich kommen Sie nicht umhin, sich selbst einzugestehen: Grundsätzlich arbeitsscheu ist mein Kind nicht. Es ist nur nicht bereit, sich für Dinge anzustrengen, die es nicht leiden kann und die es nicht einsieht. Es stellt die Energie, die es in sich spürt, lieber den – in seinen Augen – wichtigen Dingen des Lebens zur Verfügung. Gerade unter dem Gesichtspunkt der inneren Motivation sollten Eltern diese Dinge nicht nach ihren eigenen Maßstäben bewerten. Wofür Kinder sich begeistern, wofür sie sich anstrengen, das muss nicht alles den Erwachsenenwerten entsprechen. Eltern sehen oft nicht ein, wieso sich ihr Kind gerade für »diesen Unsinn« so engagiert. Sie sehen keinen Sinn darin, sie finden es nicht wichtig, sie ordnen es ein in die Rubrik »kindlicher Quatsch«.

»Kinder entwickeln auf den abgelegensten Feldern Ehrgeiz«, sagt die Hamburger Diplom-Psychologin Dr. Angelika Faas. »Beim Sammeln von Dino-Stickern, beim Höhlenbau, beim Streichespielen oder Kunststückevorführen – in diesen Momenten sind sie beseelt, begeistert und steigern ihre Leistung in dem ihnen angemessenen Tempo.« Eltern sollten auf keinen Fall zu viel ermahnen. Kritik solle Kinder anspornen. Dauer-Mahnungen aber erzeugten Abwehr. »Eltern, die dauernd nörgeln, untergraben beides – Motivation und Selbstbewusstsein«, erklärt Faas. Wichtig sei es, dass Kinder schon früh ermutigt würden, selbst Aufgaben zu erledigen, dann glaubten sie an ihre Leistungsfähigkeit. Ganz wichtig für einen gesunden Ehrgeiz: Der Blick der Eltern dürfe nicht so sehr auf die Schwächen von Tochter und Sohn gerichtet werden, sondern die Stärken müssten in den Blickpunkt rücken.

Hans L., 54, Betriebswirt
Während ich am Gymnasium als eher faul galt und nur mäßige Leistungen erzielte, arbeitete ich wie besessen, wenn es um mein technisches Hobby ging. Mein Ehrgeiz war sogar ausgesprochen groß. Bei einer Prüfung schnitt ich bundesweit hervorragend ab.

Auch wenn es wie Hohn klingt: Versuchen Sie sich neben all dem Frust auch ein kleines bisschen zu freuen. Ihr Kind leistet nicht etwas, einfach weil man es von ihm verlangt. Auch nicht, weil es sich davon Wertschätzung erhofft. Nein, Ihr Kind ist nicht verbissen auf Anerkennung aus. Es ist nicht ungesund abhängig von Lehrer- und Elternlob. Es weiß, was es will. Und was es nicht will. Und handelt danach. Außerdem hat es etwas, was vielen Menschen fehlt: den Mut zur Lücke. Es ist kein verkrampfter Perfektionist. Es dreht nicht durch, weil es hier oder da auf dem falschen Fuß erwischt wird. Seine Psyche ist vermutlich gesünder als die von so manchem »Streber«, der sich selbst massiv unter Druck setzt.

Und außerdem: Irgendwann, früher oder später, wird es vermutlich selbst zu der Erkenntnis kommen, dass Arbeit – auch ohne Leidenschaft – nicht schadet. So ist es nämlich bei den allermeisten Menschen.

Oder es wird eine Erfindung machen ...

Der spätere Flugpionier Otto von Lilienthal verließ als 16-Jähriger 1864 vorzeitig das Gymnasium, das ihm im Zeugnis mäßige Leistungen und mangelnden Fleiß bescheinigte. Auf der Provinzial-Gewerbeschule, die junge Männer zu Technikern ausbildete, verbesserten sich seine Noten schlagartig. Er studierte Maschinenbau. Kein Wunder, nun hatte er etwas gefunden, für das sich Anstrengung in seinen Augen lohnte!

Ein anderer Forscher verabschiedete sich vom Müßiggang, weil er es einem Mitschüler zeigen wollte:

Der englische Naturwissenschaftler Isaac Newton hatte so schlechte Noten, dass seine Mutter ihn wegen seiner Faulheit von der Schule nehmen wollte. Irgendwann soll der schwächliche Junge beschlossen haben, einem stärkeren Rivalen nicht nur körperlich, sondern auch geistig überlegen zu werden. So überwand er seine Faulheit, begann zu lernen und gewann Freude daran.

Egal, was den Ausschlag gibt: Der echte Abschied von Trägheit und Müßiggang kommt dann, wenn Menschen Ziele finden. Ziele, für die sich Anstrengung in ihren eigenen Augen lohnt.

> **Ein hilfreicher Gedanke für Eltern:**
> Auch wenn mein Kind wie ein großer Faulpelz wirkt, glaube ich daran, dass es sich jetzt oder später auch für Ziele anstrengt. Ich versuche ihm dabei zu helfen, solche Ziele zu finden, ohne ständig in den Belehrungston zu verfallen.

»Ihr Kind ist nicht bei der Sache«

Alle erzählen Ihnen: Ihr Kind könnte doch, wenn es im Unterricht nur besser aufpassen würde! Aber anstatt selig an den Lippen der Lehrkraft zu hängen, driftet es nach kurzer Zeit geistig weg. Wenn der Lehrer es aufruft, ist es nicht bei der Sache. Immer wieder weiß es nicht, worum es im Unterricht gerade ging. Sie als Eltern bekommen dies schmerzhaft zu spüren. Bei den Hausaufgaben kennt sich das Kind nicht so recht aus. Kein Wunder, es hat ja auch nicht richtig zugehört!

Nach neueren Erkenntnissen scheint die Fähigkeit, seine Aufmerksamkeit auf ein Ziel zu bündeln, zum Teil angeboren, zum Teil von außen beeinflussbar zu sein. Manche Menschen müssen sich sehr anstrengen, um bei einer Sache zu bleiben, anderen fällt es deutlich leichter. Von der Intelligenz ist das Konzentrationsvermögen weitgehend unabhängig. Da ein Mensch aus eigenem Antrieb nur dann bei einer Sache bleibt, wenn sie ihn interessiert und Spaß macht, sollten Eltern ihr Kind immer dann unterstützen, wenn sie merken, dass es an irgendetwas besonderes Interesse findet. Allerdings sollten sie dies behutsam tun und jeden Druck vermeiden. Eltern haben also durchaus einen Einfluss, wenn auch einen begrenzten.

Darf ich Ihnen zum besseren Verständnis Ihres Kindes ein Selbstexperiment empfehlen?

Beobachten Sie sich selbst und andere Erwachsene während einer Fortbildung, eines Vortrages, eines Seminars ... Schaffen Sie es, schaffen es alle anderen, gedanklich immer bei der Sache zu bleiben? Bekommen Sie alles mit, was vorne gesagt wird? Oder mussten Sie auch schon mal Ihren Sitznachbarn fragen, wann der wichtige Termin, um den es gerade geht, nun ist? Was dieser neue Referent, der plötzlich da vorne steht, mit der ganzen Sache zu tun hat?

Seit ich selbst sensibel für derartige Phänomene bin, sehe ich mich selbst viel desillusionierter – und meine Kinder viel gnädiger.

Woran habe ich selbst während eines Vortrages nicht schon alles gedacht: Ob der so gut rezensierte Abendfilm auch dem eigenen Ehemann gefallen könnte. Wie die Freundin wohl ihr Liebeskummer-Wochenende bewältigt hat. Ob das Flugzeug da draußen gerade auf dem Weg nach Schweden zu der dort lebenden Bekannten ist. Ob der Kaninchenstall zu Hause auch wirklich verschlossen

Was die Schule an Ihrem Kind auszusetzen hat

war. Dass der Vordermann dringend etwas gegen seine Schuppen tun müsste ... Andererseits gelte ich in anderen Fällen als Musterbeispiel für außerordentliche Konzentrationsfähigkeit. Immer wieder werde ich bestaunt, weil ich neben tobenden Kindern, im Wartezimmer oder während der Zugfahrt intensiv und effektiv arbeiten kann. Tja, woran mag diese Diskrepanz wohl liegen? Wenn ich selbst etwas tue, was mich noch dazu fesselt, kann ich extrem bei der Sache bleiben. Wenn ich passiv etwas über mich ergehen lasse, was mich nur mäßig interessiert, kann ich extrem abdriften. Wie Schulkinder eben ...

Verständnis für unkonzentriertes Verhalten lässt sich also aufbringen, etwas Positives daran zu finden, fällt eher schwer.

Zwei Dinge sind unbestritten. Zum einen: In wessen Kopf sich etwas abspielt, wer wache Sinne, Ideen und Fantasie hat, wer aufnahmefähig für Reize ist, der ist auch gefährdet, geistig »abzudriften«. Träumer hat man solche Leute schon immer gerne genannt. Abfällig, versteht sich. Dabei waren es gerade meist Träumer, die Visionen hatten und verfolgten. Die die Welt weiterbrachten, obwohl sie nicht immer bei der Sache waren. Zum anderen: Wer stark ausgeprägte Interessen und Nicht-Interessen hat, wird dem Uninteressanten das Interessante gedanklich immer vorziehen.

Der später so erfolgreiche Schriftsteller Gerhart Hauptmann blieb zweimal sitzen. Von seinem Lehrer wurde er oft ermahnt: »Gerhart, träumere nicht!« Auch der Schriftsteller Eduard Mörike gehörte zu den Verträumten, die Lehrer klagten über seine Unaufmerksamkeit.

Was ist das Positive am Unkonzentriert-Sein?
- Ein unkonzentrierter Mensch heckt vermutlich im stillen Kämmerlein seines Gehirns tolle Ideen aus – auch wenn sie nichts mit dem zu tun haben, was gerade im Zentrum des Interesses stehen sollte.

- Ein unkonzentrierter Mensch hat vermutlich starke Interessen, zu denen es seinen Geist hinzieht. Und starke Interessen zu haben, ist etwas Gutes.

Matthias M., 37, Technik-Chef bei einem Rundfunksender

In der Schule war ich von Anfang an nicht gut. Ich habe immer gerade noch die Kurve bekommen, aber nicht, weil ich zu faul war, sondern weil ich einfach ganz bestimmte Interessen hatte. Schon im Krabbelalter interessierte ich mich nämlich für Technik. Zum Geburtstag wünschte ich mir Dinge wie Lötkolben und Werkzeuge. In der Schule und wenn ich für die Schule lernen musste, konnte ich mich nicht konzentrieren. Nach fünf oder zehn Minuten bin ich gedanklich abgedriftet. Was mich viel mehr interessiert hat: Wie funktioniert etwas? Ich habe leidenschaftlich gerne Dinge zerlegt, z.B. Uhrwerke. In der Schule ging es dann so aus, dass ich zunächst nur die Hauptschule mit Quali beendet habe. Später machte ich die Mittlere Reife nach und zog eine Lehre als Feinmechaniker durch. Nach der Bundeswehr wollte ich mein Abitur nachholen, aber das war für einen Typen wie mich natürlich schwierig. Ausgerechnet zu dieser Zeit bauten meine Eltern ein Haus und ich war häufig auf der Baustelle, kümmerte mich dort um vieles, vor allem aber um die gesamte Elektrik. Dies alles gelang mir wunderbar, fürs Abitur aber reichte es letztendlich nicht. Ton- und lichttechnisch war ich schon lange Zeit interessiert und so bewarb ich mich an der »School of Audio Engineering«. Dort wählte man in einem knallharten Auswahlverfahren nach Fähigkeiten und nicht nach dem Schulzeugnis aus. Ich wurde aufgenommen und studierte fortan Audio Engineering. Aber auch hier erreichte ich keinen Abschluss. Ich wurde nämlich während des Studiums von einem Tonstudio als Tonmeister eingesetzt. Die waren dort so begeistert von meiner Arbeit, dass sie mich unbedingt haben wollten. Ich machte die Schule fertig, aber an der Abschlussarbeit bin ich gescheitert – ich hatte ja einen Job, ohne mich bewerben zu müssen. Irgendwann kam ich dann zu einem Rundfunk- und Fernsehsender in meiner Heimatstadt und arbeite dort nun seit gut zehn Jahren erfolgreich als Chef der Technik. Glücklicherweise hat dort niemanden interessiert, was auf irgendwelchen Zeugnissen und Zetteln steht, sondern was man kann.

Rückblickend betrachtet, muss ich sagen: Ich bin sehr froh, dass bei meinen Eltern, die zwar immer wieder mal geschimpft haben, keine wirklich schlechte Stimmung wegen meiner schulischen Misere, wegen meines Konzentrationsmangels herrschte. Dass sie nicht mit Druck versucht haben, Dinge aus mir herauszuholen, für die ich kein Talent hatte. Das, was ich an Begabung habe, wäre dann nicht gefördert worden, wäre verschüttet gegangen. Wenn man so mit Kindern verfährt, macht man etwas kaputt, man zerstört Wertvolles.

> **Ein hilfreicher Gedanke für Eltern:**
> Ich akzeptiere, dass mein Kind nicht absichtlich unkonzentriert ist. Ich helfe ihm nach Kräften dabei, Interessen zu entwickeln, auf die es sich konzentrieren mag und kann.

»Ihr Kind schwätzt und schreit rein«

Das Kind ist so lebhaft, dass es schwätzt. Auch dies ist ein Klassiker. Sie fragen sich vermutlich: Warum nur kann mein Kind nicht seinen Mund halten? Warum muss es sich Lehrersympathien verscherzen, Unterrichtsstoff verpassen, Tadel und Strafarbeiten anziehen wie der Magnet das Eisen? Warum kann es nicht diszipliniert und ruhig sein?

Grämen Sie sich nicht: Kinder, die introvertiert und schweigsam sind, haben kein Problem damit, dem Unterricht ruhig zu folgen, wobei die Betonung auf »ruhig« und nicht auf »dem Unterricht folgen« liegt. Natürlich schwätzen sie nicht, sie reden einfach überhaupt sehr wenig.

Ein Kind aber, das gerne redet, das kommunikativ ist, das immer etwas zu sagen hat, dem immer etwas einfällt, hat es da in der Schule schwerer. Es sprudelt über, wenn man es fragt. Weil es Ideen hat. Weil es etwas im Kopf hat, was nach draußen drängt. Weil es sprachlich etwas auf dem Kasten hat. Weil es kein langweiliger »Stoffel« ist. Weil es sprachlich fit ist.

Wem nichts einfällt, der hat es leicht, im Unterricht diszipliniert stumm zu sein. Wer keine Worte für seine Ideen findet, kann sie auch nicht als brandwichtig an seinen Banknachbarn herantragen. Wer mit zwischenmenschlichen Kontakten Probleme hat, tauscht sich mit der Nachbarschaft nicht rege aus.

Auch der heute so beliebte und verehrte Schriftsteller Erich Kästner hatte seine liebe Not mit dem Stillhalten während des Unterrichts. In seinen Kindheitserinnerungen *Als ich ein kleiner Junge war* schreibt er: »In der Schule selber gab es keine Schwierigkeiten. Außer einer einzigen. Ich war sträflich unaufmerksam. Es ging mir zu langsam voran. Ich langweilte mich. Deshalb knüpfte ich mit den Nachbarn neben, vor und hinter mir launige Unterhaltungen an. Junge Männer im Alter von sieben Jahren haben einander begreiflicherweise viel zu erzählen.«

Natürlich gibt es auch Schüler, die reden können, sich dies aber verkneifen, weil man eben nicht schwätzen darf. Zollen Sie diesen Kindern (und ihren Eltern) Respekt! Aber sehen Sie Ihr schwätzendes Kind nicht nur negativ!

Ein kleiner Geheimtipp: Haben Sie Menschen in Ihrem Freundeskreis, mit denen Sie gerne zusammen sind, weil Sie sich von ihnen wunderbar unterhalten fühlen und weil Sie sich mit ihnen wunderbar unterhalten können? Fragen Sie diese mal, ob sie in der Schule eher ruhig waren! Versuchen Sie sich Ihr Kind dann als Erwachsenen vorzustellen! Als einen Erwachsenen, mit dem sich die anderen nicht langweilen, mit dem sie gerne Zeit verbringen.

Vielleicht ist Ihr Kind auch derart lebhaft, dass es nicht wartet, bis es aufgerufen wird. Es »schreit rein«, wie der Lehrer so schön sagt. Auch dies ist ein Zeichen mangelnder Selbstbeherrschung. Auch bei diesem Vorwurf neigen Eltern dazu, an sich selbst und ihrer Erziehung zu zweifeln. Warum konnten sie ihrem Kind nicht beibringen, Geduld zu haben? Warum kann sich das Kind nicht einordnen, nicht bescheiden? Muss es sich in den Vordergrund spielen? Ist es womöglich geltungssüchtig?

Ehe Sie sich Sorgen machen: Haben Sie schon eine Fernsehdiskussion mit gebildeten Erwachsenen erlebt, in der nicht hineingeschrien wurde? Waren Sie schon einmal selbst in der Rolle, dass Sie dringend etwas sagen wollten und es nicht durften? Dass Sie zu einem Diskussionsbeitrag jetzt und sofort Stellung beziehen wollten, weil das, was Sie sagen wollten, einfach unaufschiebbar war? Haben Sie da wirklich immer gewartet?

Natürlich wäre es erfreulich, wenn Ihr Kind spontan und doch diszipliniert wäre. Aber für viele spontane junge Menschen ist es eben sehr, sehr schwer, sich zu disziplinieren. Sie sind so spontan, dass das, was ihnen gerade als so besonders wichtig und passend durch den Kopf schießt, einfach heraus muss.

Unbestritten ist, dass Ihr Kind besser durch die Schule kommt, wenn es eine gewisse Selbstbeherrschung lernt. Darauf sollten Sie natürlich einwirken. Aber seien Sie Ihrem Kind bitte nicht allzu böse, wenn wieder ein Tadel von der Schule bei Ihnen eintrifft! Versuchen Sie es so zu sehen: Immerhin ist Ihr Kind nicht teilnahmslos. Es sitzt nicht nur seine Zeit in der Schule ab, nein, es ist mit Leidenschaft und Feuereifer dabei. Es hat Temperament. In ihm ist Leben. Es ist ihm nicht alles egal.

Ist es nicht besser, manchmal über das Ziel hinauszuschießen, als gar kein Ziel zu haben? Dies empfiehlt Ihnen eine, die selbst in der Schule schon vielerlei zu hören bekommen hat. »Erst hielt ich Ihren Sohn für eine fürchterliche Nervensäge, das muss ich zugeben«, sagte mir erst kürzlich ein Lehrer meines Sohnes in der Elternsprechstunde, »aber jetzt habe ich erkannt, welch netter Kerl hinter all dem Nervigen steckt. Wir kommen prima miteinander klar und ich kann mich richtig über ihn und seine Art freuen.« Ich hätte den Mann umarmen können.

Egal, ob wir Eltern auf eine Lehrkraft stoßen, die das Positive unseres Kindes sieht und wertschätzt, oder nicht: Wir selbst **müssen** es tun.

> **Ein hilfreicher Gedanke für Eltern:**
> Ich freue mich darüber, dass mein Kind so viel Leben in sich hat, auch wenn dies immer wieder Nachteile mit sich bringt.

»Ihr Kind ist zu ruhig«

Tja, und das ist nun das Kontrastprogramm. Das Kind fällt nicht durch zu viel, sondern durch zu wenig Lebhaftigkeit und zu wenig Reden auf. Und auch darüber beschwert sich die Schule meist. Ein Schüler sollte dem Unterricht eben immer konzentriert und ruhig folgen, sich aber dann zu Wort melden, wenn die Lehrkraft es wünscht. Wenn er es nicht tut, gilt er als zu ruhig.

Natürlich gibt es verschiedene Variationen des Themas »zu ruhiger Schüler«:

Typ 1 würde sich ja gerne melden, traut sich aber nicht. Er ist zu schüchtern.

Typ 2 ist zwar bei der Sache, aber mag sich einfach nicht gerne in den Unterricht einbringen. Er verfolgt das Geschehen lieber aus der Warte des Beobachters. Beide Typen verbindet, dass sie gedanklich bei der Sache sind, dies aber nicht zeigen.

Typ 3 ist körperlich anwesend, aber geistig nicht. Er wäre gerne dabei, aber seine Konzentration hält nicht an.

Typ 4 ist ebenfalls geistig abwesend, aber er will es auch nicht anders. Er hat mit dem Unterrichtsstoff einfach nichts am Hut.

Wenn Lehrkräfte sich darüber beschweren, dass ein Kind zu ruhig ist, interpretieren sie oft Typ 3 und 4 in Typ 1 und 2. Sie beklagen, dass das Kind dem Unterricht nicht folgt. Ein bisschen natürlich auch, dass es ihm keine Impulse gibt. Dass es nicht zeigt, was sich in seinem jungen Kopf abspielt, was sein Hirn zu leisten in der Lage ist.

Tatsächlich aber wird man einen durchaus sympathischen, aber eher introvertierten Menschen kaum dazu bekommen, dass er plötzlich übersprudelt. Womöglich wird er sein ganzes Leben ruhig und zurückhaltend sein. Ihm dies vorzuwerfen, wäre schlichtweg falsch. Gerade mit seiner Art kann er – auch im »späteren Leben« – an der richtigen Stelle die »richtige« Persönlichkeit sein. Manche Menschen wollen eben nicht vor einer größeren Gruppe sprechen. Im Gegensatz zu denen, die gerne im Rampenlicht stehen, wollen sie nicht vor Publikum glänzen. Und in der Schule werden sie nun mal nicht Finger schnalzend darum buhlen, endlich, endlich etwas sagen zu dürfen.

Ehe Sie sich hier grämen und versuchen, Ihr Kind zu ändern, bedenken Sie bitte, wie angenehm Ihnen im bisherigen Leben schon ruhige, zurückhaltende Menschen waren. Wie froh Sie oft waren, dass es unter den vielen Erwachsenen, die Ihren Weg kreuzten, nicht nur laute Selbstdarsteller, sondern auch ruhige, bescheidene Mitmenschen gab. Ermutigen Sie Ihr Kind, auch mal aus sich herauszugehen, aber erwarten Sie nicht von ihm, dass es sein Wesen ändert!

> **Ein hilfreicher Gedanke für Eltern:**
> Mein Kind ist ein ruhiger Mensch. Ich nehme es so an, wie es ist. Nur dann wird es von sich aus »aufblühen«.

»Ihr Kind ist zu langsam«

Die Kindheit sollte eine Reise sein, kein Rennen.
Verfasser unbekannt

Wenn du es eilig hast, gehe langsam.
Altes Sprichwort

Der schon zitierte Professor Largo sagt ganz klar: »Wenn Kinder miteinander oder mit einer Durchschnittsnorm verglichen werden, dann werden die Langsamen überfordert, die Schnellen unterfordert. Denn jedes Kind will und muss Lernerfahrungen entsprechend seinem individuellen Entwicklungsstand machen.«

Wenn die Langsamkeit Ihres Kindes ein Problem ist, befindet es sich in guter Gesellschaft. Auch Albert Einsteins Schwester Maja berichtet über ihren Bruder, er sei ein gründlich denkender Junge gewesen, der Zeit zum Überlegen gebraucht und die gewünschte Antwort nicht sofort parat gehabt habe. Oftmals musste er dafür büßen – nicht nur wie heutige Kinder mit Tadel – sondern mitunter mit Schlägen.

Ein Schüler ist zu langsam – was heißt das eigentlich? Er kann nicht mit dem Tempo der Klasse mithalten. Will sagen: Er hält den Unterricht auf. Er hält die Lehrkraft auf. Er spuckt Wissen nicht so schnell aus, wie man das gerne hätte. Wer aber sagt, was das richtige Tempo ist? Wer sagt, dass das richtige Tempo das schnelle ist?

Ein paar Gedanken dazu: Durch wen hat die Welt mehr gelitten? Durch die Schnellen oder durch die Langsamen? Was hat der Welt mehr Schaden zugefügt: übereilte Entscheidungen oder gründlich überlegte?

Klar, manchmal ist eine schnelle Reaktion, eine schnelle Entscheidung von Vorteil. Aber jungen Menschen das Gefühl zu vermitteln, die Flotten seien den Langsamen überlegen, halte ich für fragwürdig. Wer sich nicht von seinem Umfeld aus der Ruhe bringen lässt und mit Konzentration eine Aufgabe nach der anderen bewältigt, kann damit schneller sein als andere, die durch Eile Zeit sparen wollen. Wer zu hektisch wird, macht leichter Fehler, deren Behebung oft wieder viel Zeit in Anspruch nimmt.

Behalten Sie das bitte immer im Auge, wenn Langsamkeit ein Manko ist, das man Ihrem Kind anlastet. Auch wenn in Gesellschaften wie der unsrigen das schnelle Tempo mehr Wertschätzung genießt als das langsame, gibt es Menschen, die bewusst dagegen halten.

Der Zeitforscher Karlheinz A. Geißler sagte in einem Interview, dass nur über Langsamkeit Zwischenmenschlichkeit mit einem Gefühl der Nähe eine Chance habe. »Wer mit dem Laptop im Urlaub seine Mails abruft, kümmert sich in dieser Zeit eben nicht um seine Kinder, den Ehepartner oder Freunde. Die Langsamen, die alten Men-

> **Verein zur Verzögerung der Zeit**
>
> Der Verein zur Verzögerung der Zeit wurde von dem österreichischen Universitätsprofessor Dr. Peter Heintel gegründet und hat derzeit über 1000 Mitglieder. Heintel sah in der Vereinsgründung einen Ansatz, reflektierten Umgang mit Zeit auf kollektiver Basis anzuregen und neue Formen des Umgangs mit dem Phänomen Zeit anzustreben. Natürlich wird im Verein zur Verzögerung der Zeit nicht prinzipiell Zeit verzögert. Das wäre ebenso unsinnig wie die prinzipielle Beschleunigung – welche die meisten Menschen allerdings kritiklos akzeptieren. Viele Mitglieder sehen den Verein zur Verzögerung der Zeit als einen hilfreichen Rückhalt an. Man ist mit seinem von der Mehrheit abweichenden Umgang mit Zeit nicht allein.

schen werden in Heime abgeschoben, weil es zu Hause zu schnell zugeht. Es fehlt die Ruhe für die Pflege. Auch für Kinder fehlt Zeit, deshalb bekommen die Deutschen auch immer weniger. Das Langsame wird in unserer Gesellschaft ausgegrenzt. Ganz massiv. Das setzt alles Soziale – Familien, Vereine, Kirchen, Verbände – unter Druck.«
Vielleicht sollte man tatsächlich ein wenig umdenken. Was ja nicht heißen muss, dass alle flott denkenden und handelnden Menschen plötzlich bekehrt werden sollen, sondern dass man dem langsamen Tempo an sich einfach nicht ganz so negativ gegenübersteht. Dass man einem Kind, das länger als andere für eine Aufgabe braucht, nicht automatisch einen Minus-Stempel aufdrückt. Dass man es seinem Tempo gemäß agieren lässt.

Natürlich wird dies jedem, der einen begnadeten Trödler zu Hause sitzen hat, wie Hohn in den Ohren klingen. Was soll gut daran sein, einen ganzen Nachmittag mit einer Hausaufgabe zuzubringen, für die ein normaler Mensch 30 Minuten braucht? Wie soll man der Tatsache positiv gegenüberstehen, dass das Kind den Eintrag in der Schule wieder nicht fertig gebracht hat? Warum, bitteschön, fährt das eigene Kind immer wieder schlechte Noten ein, weil es nicht fertig geworden ist?

Absolut verständlich, dass Eltern damit große Probleme haben! Andererseits: Was können sie tun? Die meisten Eltern langsamer Kinder finden sich früher oder später in der Rolle des Anschiebenden wieder. Und viele langsame Kinder werden dann eher noch langsamer. Auch wieder verständlich! Man nimmt ihnen die Verantwortung für den Umgang mit der Zeit dadurch ja ab. Sie spüren nun, dass da immer einer ist, der ihnen sagt: »Nun mach doch mal schneller!«

Scheint es da nicht viel sinnvoller, dem Kind diese Verantwortung nicht abzunehmen? Sinnvoller auch, zu akzeptieren, dass es eben nicht nur schnelle Menschen auf der Welt gibt – und geben muss? Sinnvoller schließlich, darauf zu vertrauen, dass das Kind irgendwann zu einem flotteren, aber noch immer ihm gemäßen Tempo finden wird, weil es ja selber spürt, dass dies Vorteile mit sich bringt?

Selbstverständlich dürfen und sollen Sie Ihr Kind dabei unterstützen, dieses ihm gemäße Tempo zu finden. Aber eben nicht, indem Sie es antreiben, sondern indem Sie es freundlich begleiten.

> **Ein hilfreicher Gedanke für Eltern:**
> Ich akzeptiere, dass mein Kind manchmal etwas langsamer als die anderen ist. Ich mache ihm deshalb keine Vorwürfe und ich schiebe es nicht unaufhörlich an.

»Ihr Kind ist frech und aufmüpfig«

Eine Lehrerin sagte über einen ihrer Schüler: »Er ist gut begabt, ein intelligentes Bürschchen, aber er geht immer auf Konfrontation. Als ich ihn dazu angehalten habe, seine Hausaufgaben ordentlich zu machen, sagte er mir: ›Sie klingen jetzt wie meine Mutter. Und die ist bei mir auch gescheitert.‹«

Ist das nun Renitenz, die geahndet werden muss? Muss ein Schüler tun, was man ihm sagt?

Meiner Meinung nach ja und nein.

Aus der Sicht der Schule, der Lehrer, ist es tatsächlich nötig, dass Anordnungen befolgt werden. Nicht jede Vorschrift, nicht jedes Verbot kann ausführlich diskutiert und begründet werden. Auch ich habe schon mit dem Satz gekontert: »Du tust es, weil ich es sage.«

Manchmal war ich – ehrlich gesagt – überrascht und fast ein wenig entsetzt, wie leicht das ging. Ich wunderte mich, dass ich damit durchkam. Wenn ich in all die jungen Gesichter blicke, die gottergeben etwas tun oder unterlassen, weil man »es ihnen sagt«, dann wird mir auch ein bisschen angst und bange.

Aber natürlich macht ein Schüler, der einfach nicht tut, was man ihm sagt – und man sagt es ja nicht aus Willkür, sondern nach reiflicher Abwägung –, dem Lehrer das Leben so richtig schwer. Das Lehrer-Leben, das ohnehin schon geprägt ist von allen möglichen Widrigkeiten. Man ist also geneigt, das Kind mit Widerspruchsgeist gelegentlich auf den Mond zu wünschen. Und dennoch sollte man sich klar machen: Widerspruchsgeist ist nichts an sich Schlechtes.

Wenn Eltern erfahren, dass ihr Kind nicht wie gewünscht gehorcht, neigen sie dazu, sich selbst eines Erziehungsfehlers zu bezichtigen. Hat man es mit der freiheit-

und partnerschaftlichen Erziehung zu weit getrieben? Hat man dem Kind seine Grenzen nicht konsequent genug aufgezeigt? Warum sonst sollten diese Klagen von der Schule kommen?

Andererseits: Sollte aus Ihrem Kind ein blinder Befehlsempfänger werden? Ein Duckmäuser? Oder lieber doch ein kritischer Mensch, der vor keiner Diskussion zurückschreckt? Ein rhetorisch starker Individualist? Ein Mensch mit einem gesunden Widerstand gegen die Obrigkeit?

Lange Zeit hat man über Albert Einstein erzählt, er sei ein schlechter Schüler gewesen. Ganz so scheint es nicht zu sein, unbestritten aber ist, dass er gegenüber Schulstoff und verlangtem Gehorsam ein gesundes Misstrauen an den Tag legte, sich irgendwann mit den Lehrern überwarf und die Schule hinschmiss. Und auch, dass er, der somit kein Abitur hatte, durch die Aufnahmeprüfung der technischen Hochschule fiel. Zwar holte er das Abitur nach und studierte, aber weil er sich nichts sagen ließ, bekam er zunächst keine Stelle. Irgendwann bekam er sie doch. Und was dann kam, ist hinlänglich bekannt ...

Ja, aber mein Kind ist nicht nur kritisch, mögen manche Eltern einwenden, es gibt darüber hinaus freche Antworten. Flapsig ließe sich kontern: Immerhin fallen ihm Antworten ein. Natürlich sollte ein Schüler nicht unangemessen frech sein. Aber die Eltern wollten ihn zu einem selbstbewussten Wesen erziehen, und das ist ihnen gelungen. Dass es sich immer wieder mal im Ton vergreift, heißt noch lange nicht, dass es dies ein Leben lang tun wird. Es befindet sich im Moment noch in der Trainingsphase. Kein Mensch kann alles auf Anhieb. Und dieses Kind kann eben noch nicht angemessen antworten.

Wäre es der große schüchterne oder bequeme und konfliktscheue Schweiger, würde diese unbeherrschte Art verborgen bleiben. Es könnte aber auch nicht trainieren und würde noch im Erwachsenenalter nicht genau wissen, mit konfliktträchtigen Diskussionen umzugehen.

Der Sache nicht genug? Man teilt Ihnen mit, dass Ihr Kind auch noch andere mit ins Verderben zieht? Ihr Kind mimt den Rädelsführer?

Es stiftet andere also an. Es verführt sie. Es sagt ihnen, was zu tun ist. Es ist ein Wortführer, ein Anführer, Gruppenführer. Auch wenn Ihr Sprössling sich damit immer wieder Ärger einhandelt, versuchen Sie auch dies positiv zu sehen: Er zeigt jetzt schon Führungsstärke. Er ist durchsetzungsfähig. Er hat die Begabung, andere zu begeistern und zu lenken. Das wird ihm bestimmt noch mal zugute kommen.

> **Ein hilfreicher Gedanke für Eltern:**
> Mein Kind hat seinen eigenen Kopf, und das ist gut so! Auch wenn es manchmal negativ auffällt, ist dies völlig normal und bringt mich nicht aus der Ruhe.

»Ihr Kind ist zu hippelig«

Immer wieder bekommen Sie zu hören, dass Ihr Kind nicht ruhig sitzen kann. Es hampelt und schaukelt mit seinem Stuhl. Es wippt und kippelt. Es rennt von seinem Platz. Es strahlt Unruhe aus. Es nervt die Lehrkraft ungeheuerlich.

Sie fragen sich vielleicht, warum ausgerechnet Ihr Kind nicht ruhig sitzen kann.

Erstens ist nicht nur Ihr Kind so. Viele Schüler zeigen heute ein extrem unruhiges Verhalten. Unzählige Diskussionen über Hyperaktivität und ADHS zeugen davon. Und zweitens könnte hinter der Unruhe etwas durch und durch Positives stecken: nämlich ausgeprägte Bewegungsfreude. Für Menschen solchen Kalibers scheint Schule eine Form nicht »artgerechter Haltung« zu sein. Ein bewegungsfreudiger Mensch möchte sich rühren, seine Muskeln betätigen, sich fortbewegen. Er möchte nicht stundenlang an einem Platz sitzen und er ist auch nicht mit den von der Lehrkraft in den Unterricht eingebauten Aktivitätsphasen ausgelastet.

Natürlich gibt es Menschen, und damit Schüler, denen das ruhige Sitzen leicht fällt. Aber nur deshalb muss es bei Ihrem Kind noch lange nicht so sein. Und nur deshalb muss seine Bewegungsfreude nichts Negatives sein. Außerdem wird es mit Übergewicht vermutlich keine Probleme bekommen.

Sehen Sie zu, dass Ihr Kind außerhalb der Schule jede Gelegenheit zu körperlicher Betätigung nutzt. Denken Sie daran: Irgendwann ist die Schulzeit vorüber. Dann kann sich Ihr Kind einen Beruf suchen, der zu seiner Bewegungsfreude passt. Außerdem ist es dann vermutlich nicht mehr ganz so hippelig.

> **Ein hilfreicher Gedanke für Eltern:**
> Mein Kind hat einen großen Bewegungsdrang, und das ist nichts Schlimmes.

»Ihr Kind ist albern und stört den Unterricht«

Timmi, 10, Grundschüler
Ich muss einfach immer wieder lachen, wenn etwas lustig ist. Gerade bei langweiligem Unterricht. Für die Lehrer ist das immer eine Störung. Dabei meine ich es gar nicht böse.

Wenn ein Kind kichert und rumalbert, ist das für die Lehrkraft störend. Das versteht sich. Während es kichert und albert, kann es kein neues Wissen aufnehmen. Das scheint ebenfalls einleuchtend.

Aber: Es hat Humor. Es kann lachen. Und was Lehrer und Mitschüler im Laufe eines Unterrichtsvormittags so alles bieten, ist mehr, als ein humorvoller Mensch todernst ertragen kann. Außerdem ist da ja auch noch die Versuchung durch andere. Vermutlich haben Sie es selbst schon erlebt: Sie sind voll des guten Willens. Sie wissen, dass die Situation großen Ernst erfordert. Sie wollen nicht lachen, auf keinen Fall. Und dennoch tun Sie es. Weil der oder die neben Ihnen Sie zum Lachen bringt. Oder einfach, weil irgendetwas, das Ihnen in den Sinn oder vor die Augen kommt, ins Zentrum Ihres Lachempfindens trifft.

Wir alle wissen: Lachen ist gesund. Und wem die Gnade zuteil wird, so richtig von Herzen lachen zu können, der sollte dieses Lachen nicht allzu oft unterdrücken.

> **Jedes Mal, wenn ein Mensch lacht, fügt er seinem Leben ein paar Tage hinzu.**
> *Curzio Malaparte, italienischer Schriftsteller, 1898–1957*

Es ist aber nicht einfach nur so, dass Ihr Kind viel lacht? Nein, es spielt den Klassenkasper?

Vielleicht denken Sie: Hat mein Kind das nötig? Muss es sich derart profilieren? Tut es das gar, weil es anderes

Was die Schule an Ihrem Kind auszusetzen hat

kompensieren möchte? Vielleicht kommt Ihnen aber auch in den Sinn, dass diesem Kind immer etwas einfällt. Dass es die Gabe hat und spürt, andere zu unterhalten. Sein schauspielerisches Talent drängt nach außen. Es ist ein geborener Komödiant. Es ist kreativ.

Erinnern Sie sich bitte einmal zurück: Wie bitter nötig war Martin, der Klassenkasper, damals! Hätte man ohne ihn all die entsetzlich langweiligen Mathe-Stunden durchgestanden? Hat der Lachanfall, den Martin mit seiner »Direx-Persiflage« in Ihnen auslöste, nicht dazu beigetragen, dass Sie lockerer, entkrampfter ans weitere Büffeln gehen konnten?

Halten Sie sich vor Augen: Ihr Kind hat diese Qualitäten. Es hat keine Angst vor Publikum, keine Angst sich zu blamieren, keine Angst vor Rügen. Es kann andere zum Lachen bringen und es tut es.

Der Entertainer Harald Schmidt gibt zu, in der Schule gerne dazwischengeredet zu haben und mehr als Klassenkasper als durch gute Noten aufgefallen zu sein. Dass die Lehrer das wenig lustig fanden, ist verständlich. Sie aber aus der Elternsicht können sich sagen: Auch wenn mein Kind kein Profi-Entertainer werden sollte, in seiner Gegenwart wird man sich ein Leben lang nicht langweilen müssen.

Die Klagen gehen noch weiter? Ihr Kind spielt Lehrkräften Streiche?

Vermutlich denken Sie: Wie kann sich mein Kind so etwas trauen? Haben wir es so schlecht erzogen? Mangelt es ihm am nötigen Respekt? Was fällt diesem Kind nur alles ein?

Ja, Sie haben Recht. Ihrem Kind fällt eine Menge ein. Und es ist mutig genug, diese seine respektlosen Ideen in die Tat umzusetzen. Es nimmt sich etwas vor und zieht es durch. Und lässt sich auch nicht durch die Angst vor Autoritäten abschrecken. Es ist ein mutiges Kind, ein unerschrockenes. Und ein witziges.

Der Maurermeister, Musiker und Komponist Carl Friedrich Zelter erzählt in seinen Erinnerungen über seine kindliche Lust an Streichen: »Was (...) zu lernen war, Lesen, Schreiben, Rechnen, lernte ich bald genug und behielt so viel Zeit übrig, allerlei Streiche zu üben, die mir viel Verdruss brachten. Mein Vater zeigte sich sehr ernsthaft gegen mich, und meine Mutter schwamm in Tränen.«

Kein Geringerer als Johann Wolfgang von Goethe hat über diesen Mensch gesagt: »In Gesprächen ist Zelter genial und trifft immer den Nagel auf den Kopf (...) Er kann bei der ersten Begegnung etwas sehr derb, ja mitunter sogar etwas roh erscheinen. Allein, das ist nur äußerlich. Ich kenne kaum jemanden, der zugleich so zart wäre wie Zelter.«

Ja, und dieser so positiv beurteilte Erwachsene flog einst wegen seiner Streiche von der Schule!

> **Ein hilfreicher Gedanke für Eltern:**
> Wie schön, dass mein Kind mit einem so heiteren Gemüt gesegnet ist! Ernster werden die Menschen im Laufe ihres Lebens häufig von selbst.

»Ihr Kind kann nicht ...«

Ja, kann nicht: mathematisch denken oder das gerade schon, nicht Sprachen lernen oder das gerade leicht, nicht praktisch arbeiten oder das gerade exzellent, nicht künstlerisch glänzen oder das gerade gut.

Kurz gesagt: Ihr Kind kann manches gut und manches gar nicht. Mal ehrlich: Ist es bei Ihnen anders? Können Sie alles gut? Hat Ihnen das Nichtkönnen auf bestimmten Gebieten wirklich so sehr geschadet? Außer in der Schule, versteht sich. Da sollte man tatsächlich alles können, um ein guter Schüler zu sein.

Ist es nicht viel mehr so, dass Ihnen Ihre Schwächen geholfen haben, Ihre Stärken und Ihren Weg zu finden?

Bernhard T., 60, leitender Bauingenieur

Im Laufe meines Lebens habe ich es vom Bauingenieur zum leitenden Manager eines großen Baukonzerns gebracht. Ich spreche mehrere Sprachen, »jette« seit vielen Jahren um die Welt. Ich kann – wie man mir nachsagt – gut auf Menschen eingehen und mit der Tatsache, dass ich oft von Termin zu Termin hetzen muss, komme ich gut zurecht. Kurz: Ich fühle mich für meine Führungsposition bestens qualifiziert. Das Gymnasium habe ich allerdings nur mit Ach und Krach geschafft. Klasse für Klasse »wackelte« ich. Mit meinen guten Mathematikleistungen habe ich mehr als einmal schlechte Leistungen in anderen Fächern ausgleichen müssen, um das Klassenziel doch noch zu erreichen. Glücklicherweise gab es immer wieder Lehrkräfte, die sahen, dass ich auf bestimmten Gebieten wirklich gut war und die deshalb meine miserablen Ergebnisse in Deutsch und Latein nicht überbewerteten. So konnte ich schließlich doch studieren.

> **Ein hilfreicher Gedanke für Eltern:**
> Ich bemühe mich, nicht immer auf die Dinge zu schauen, die mein Kind nicht so gut kann, sondern auf die, die es kann.

Forscher, Tüftler, Wissenschaftler, die »nur« dies oder jenes konnten und später bekannt wurden

Justus von Liebig ging mit 14 Jahren vom Gymnasium. Mit den alten Griechen hatte er es so gar nicht gehabt. Ohne Abitur – das ging damals noch – studierte er Chemie und wurde zum Begründer der Chemie als echter Naturwissenschaft.

Thomas Alva Edison, der Erfinder der Glühlampe und des Phonographen, kam in der Schule so schlecht zurecht, dass der Lehrer ihn für ziemlich unbegabt hielt. Schließlich nahm ihn die Mutter von der Schule und unterrichtete ihn – sie war Lehrerin – selbst. Später sagte er, seine Mutter habe ihn zu dem gemacht, der er später einmal werden sollte: mittels Physikbuch und altem Lexikon.

Die Interessen des leidenschaftlichen Naturergründers *Manfred von Ardenne* waren so einseitig naturwissenschaftlich ausgerichtet, dass er als 16-Jähriger den Übergang in die nächsthöhere Klasse verfehlte.

Artur Fischer, einer der erfolgreichsten Erfinder (z.B. Dübel, Fischertechnik) weltweit, schmiss die Schule, für die seine Mutter hatte bügeln gehen müssen. Er machte eine Schlosserlehre und betrieb schließlich seine eigene Werkstatt, in der er reparierte, tüftelte und Erfindungen machte.

Professor Josef Penninger, einer der weltweit anerkanntesten und wichtigsten Forscher auf dem Gebiet der Molekularen Biotechnologie, sagt von sich, er sei nur in einzelnen Fächern, zum Beispiel Physik und Mathematik, gut gewesen. Wegen eines Aufsatzes sei er fast von der Schule geflogen. In Schul- und Studienzeit sei er dem Grundsatz gefolgt: Was mich interessiert, das mache ich.

Was die Schule belohnt –

obwohl es fürs Leben gar nicht so gut ist

Was die Schule belohnt

Genauso, wie sich hinter vielen scheinbar schlechten Schüler-Eigenschaften Gutes verbergen kann, hat vieles scheinbar Gute auch Negatives im Gepäck. Kinder, die mit der Schule bestens zurechtkommen, werden von vielen beneidet. Und Eltern von Kindern, die mit der Schule auf Kriegsfuß stehen, schielen neidisch auf die, die problemlos von der ersten Klasse bis zum Abitur durchstarten. Dabei kann auch hier eine veränderte Sichtweise die Fronten lockern.

Eine nähere Betrachtung der Verhaltensweisen, Eigenarten und Eigenschaften, die in der Schule Wertschätzung genießen, ja, die eine positive Schullaufbahn fördern, lohnt also. In erster Linie scheinen mir dies zwei zu sein: zum einen Dinge zu tun und zu lernen, weil sie verlangt werden und zum anderen, sich unkritisch in vieles zu fügen.

Dinge tun und lernen, weil sie verlangt werden

Kein noch so guter Schüler wird ernsthaft behaupten, dass ihn alles, was er im Laufe einer Schulzeit lernen muss, wirklich interessiert. Er tut es also nicht, weil ihm die Sache wichtig ist, sondern allenfalls, weil ihm schulischer Erfolg und/oder Wertschätzung der Lehrkräfte und/oder Wertschätzung der Eltern wichtig sind. Er gewöhnt sich demnach daran, Dinge zu tun, die man von ihm verlangt. Und er verlernt es womöglich, in sich hineinzuhören und die Dinge zu vertiefen, die ihn wirklich interessieren. Kinder, die schon in der Schule alles tun, weil man es ihnen aufträgt, laufen Gefahr, auch später so zu handeln. Es gibt genügend Menschen, die im Laufe ihres Lebens vor allem Dinge tun, weil sie sie tun müssen und nicht, weil sie sie tun wollen. Natürlich funktioniert dies. Aber um welchen Preis?

Arbeiten ohne echte Motivation tut weder dem einzelnen Menschen noch der Gesellschaft gut. Der Mensch empfindet sein Handeln zunehmend als sinnentleert. Und die Gesellschaft hätte viel mehr von Arbeit, die mit innerer Beteiligung geschieht, weil sie nur dann mit voller Kraft getan wird. Die Welt braucht also Menschen, die Ziele haben und in denen ein Feuer brennt.

> **Wenn du ein Schiff bauen willst, so trommle nicht Männer zusammen, um Holz zu beschaffen, Werkzeuge vorzubereiten, Aufgaben zu vergeben und die Arbeit einzuteilen, sondern lehre die Männer die Sehnsucht nach dem weiten endlosen Meer.**
>
> *Antoine de Saint-Exupéry,*
> *französischer Humanist und Schriftsteller, 1900–1944*

Nicht jedem ist es gegeben, das Schiff ohne Sehnsucht nach dem Meer zu bauen. Ohne Motivation Holz und Werkzeuge zu beschaffen. Ohne Ziel vor Augen irgendeine Arbeit anzupacken. Und das ist gut so.

Der Hirnforscher Gerald Hüther sagt dazu: »Wir brauchen Aufgaben, an denen wir wachsen können. Bei denen spürt man hinterher dieses wunderbare Gefühl: Stolz, weil man das so gut hingekriegt hat. Doch im Augenblick verstehen wir Lernen ganz anders: als einen passiven Vorgang, den man üben kann. Fast so, als seien die Kinder ein Gefäß, das mit Wissen gefüllt werden muss.« Damit ist Hüther ganz nah an einem alten Griechen:

> **Einen jungen Menschen unterrichten heißt nicht, einen Eimer füllen, sondern ein Feuer entzünden.**
>
> *Aristoteles, griechischer Philosoph, 384–322 v. Chr.*

Was das Entzünden des Feuers bewirken kann, zeigt das folgende Beispiel:

Was die Schule belohnt

Reinhard D., 60, Apotheker

Ich war das jüngste von drei Kindern. Von Anfang an bewegte ich mich schulisch am Limit, das heißt, ich arbeitete immer gerade so viel, dass es reichte. In der Grundschule lief das auch problemlos, am Gymnasium wurde es immer mehr zu einer Zitterpartie. Irgendwann musste ich die Klasse wiederholen. In der neuen Klasse verliebte ich mich in meine heutige Frau, die sehr gut in der Schule war. Und sie fing mich sozusagen auf. So schaffte ich dann doch noch mein Abitur, wenn auch alles andere als gut. All meine Leistungsprobleme waren damit schlagartig vorbei. Nun hatte ich ein Ziel vor Augen, einen klaren Berufswunsch. Ich musste und wollte Leistung zeigen. Im Pharmazie-Studium, das ich gemeinsam mit meiner Freundin begann, war ich wirklich sehr gut. Im Vorexamen bekam ich durch einen blöden, ungünstigen Zufall nur eine Zwei. Zum ersten Mal in meinem Leben war ich über eine Note enttäuscht. Das Studium lief wie nichts. Beim Staatsexamen war ich mit einem Einser unter den Besten. Dass ich damals in der Schule nicht brav gelernt habe, bereue ich nicht.

> **Ein hilfreicher Gedanke für Eltern:**
> Dass mein Kind nicht alles lernt, was man von ihm verlangt, bereitet schulisch zwar Probleme, spricht aber nicht gegen seinen Verstand, und über den freue ich mich.

Sich unkritisch in vieles fügen

Wer schulisch erfolgreich sein will, muss sich in viele Tatsachen schlichtweg fügen. Dazu zählt:

- ständig in allen Fächern vorbereitet zu sein,
- Klassenarbeiten zu Stoßzeiten gehäuft absolvieren zu müssen,

- sich mit einer möglicherweise unsympathischen Lehrkraft arrangieren zu müssen,
- eventuell von einer schlechten Lehrkraft schlecht unterrichtet zu werden,
- auch ungerecht oder absurd erscheinende Vorschriften zu akzeptieren ...

Natürlich gilt der Satz: Wer beizeiten lernt, sich ins Unabänderliche zu fügen, hat für das Leben gelernt. Andererseits: So unabänderlich sind viele Dinge ja gar nicht. Man könnte den Satz also getrost ins Gegenteil verkehren: Wer beizeiten gelernt hat, sich ins Abänderliche zu fügen, verliert gesunden Kampf- und Widerspruchsgeist. Er nimmt hin, was man nicht hinnehmen müsste. Er akzeptiert, wogegen man sich getrost auflehnen könnte.

Und dabei ist der folgende Satz, dessen Urheberschaft umstritten ist, doch so lebensweise:

> **Herr, gib mir die Gelassenheit, Dinge hinzunehmen, die ich nicht ändern kann, den Mut, Dinge zu ändern, die ich ändern kann, und die Weisheit, das eine vom anderen zu unterscheiden.**

Wer hier prinzipiell zustimmt, darf auch nicht böse sein, wenn das eigene Kind »das Ändern von veränderbaren Dingen« ins Auge fasst. Wenn es mit Missmut und Unwillen, mit Trotz und Auflehnung auf – in seinen Augen – ungerechte oder unsinnige Gegebenheiten reagiert.

Noch einmal zurück zu Albert Einstein. Sein Hang zu Unangepasstheit und zum Widerspruch war auffallend. Mit solchen Eigenschaften hatten Schüler immer schon schlechte Karten. Sie waren weit davon entfernt, sich beliebt zu machen. Einsteins Intelligenz glich diese Schwierigkeiten wohl zumindest teilweise aus. Aber vielleicht kann man rückblickend sogar sagen, dass es nicht nur die Intelligenz war, die ihn zur speziellen Relativitätstheorie führte, sondern auch der genannte Widerspruchsgeist und der Hang zur Nonkonformität, weil er eben bereit war, das altehrwürdige Gedankengebäude des Isaac Newton in Frage zu stellen.

Natürlich werden Eltern ihrem Kind immer wieder vermitteln müssen, dass sie die Welt nicht aus den Angeln heben können. Natürlich können sie sich nicht darauf versteifen, einen zweiten Albert Einstein großzuziehen. Aber eine prinzipiell positivere Position zur Unangepasstheit ihres Kindes – die können sie einnehmen.

> **Ein hilfreicher Gedanke für Eltern:**
> Ich versuche mich am kritischen Geist meines Kindes zu erfreuen, weil ich weiß, dass Kritikfähigkeit prinzipiell etwas Gutes ist.

Neben diesen beiden Komponenten der »Schulkompatibilität« gibt es noch eine Reihe von anderen, die zwar weniger ins Gewicht fallen, aber dennoch eine Voraussetzung für gutes »Funktionieren« in der Schule darstellen.

Was die Schule auch noch belohnt

Still sitzen und den Mund halten

> In den ersten Lebensjahren eines Kindes bringen ihm die Eltern Gehen und Sprechen bei, in den späteren verlangen sie dann, dass es still sitzt und den Mund hält.
>
> *Johann Nepomuk Nestroy, österreichischer Dichter und Schauspieler, 1801–1862*

Still sitzen und den Mund halten? In heutigen Schulen doch nicht mehr! – mag so mancher kritisch einwerfen. Ja, in Zeiten von Partner- und Gruppenarbeit, von Projekten und Laufdiktaten, von Referaten und Stationentraining – in solchen Zeiten, gilt Nestroys Satz da noch?

Wer Zweifel hat, möge einmal über die Stunden Buch führen, in denen auch heutige Schulkinder noch still sitzen (sollen). Ob sie es fertig bringen, ist eine andere Sache. Auch bei bestem Bemühen der Lehrkräfte sind Schüler bis zum heutigen Tage den Großteil der Unterrichtszeit über passiv. Es sind nun mal große Gruppen, die da beschult werden müssen, und da muss der Einzelne eben zurückstecken. Es mag Menschen geben, die während des 400-Meter-Laufs Vokabeln wiederholen oder solche, die hüpfend mathematische Gleichungen lösen. Größtenteils arbeiten die allermeisten aber für die Schule, indem sie sich nicht von der Stelle rühren, kurz: indem sie sitzen, sitzen, sitzen.

Den Noten mag dies gelegen kommen, dem körperlichen Wohlbefinden nicht. Wer seinen Körper eine Schulzeit lang geringschätzt, verliert womöglich den natürlichen Zugang zu sich selbst.

Geduld haben, bis man drankommt

Geduld ist ja eigentlich etwas durch und durch Positives – sagen viele.

Wenn ein Schüler geduldig wartet, bis er aufgerufen wird, erfährt er – wenn's gut geht – Lehrer-Wertschätzung. Wenn es weniger gut geht, wartet er brav, bis ein anderer ihm zuvorgekommen ist. Der wird dann zwar getadelt, hat aber erreicht, was er wollte.

Was aber, wenn Geduld zunehmend dämpft? Wenn das innere Feuer vor lauter Geduld-haben-Müssen er-

Was die Schule belohnt

lischt? Wenn innere Laschheit und Dumpfheit an seine Stelle treten? So nach dem Motto: Ich will nicht anecken, deshalb warte ich, bis ich dran bin. Aber meine Lust, mich mit ganzer Kraft einzubringen, wird immer geringer.

Nicht auffallen

Schüler, die nicht auffallen, haben zwar keine Ruhmeslorbeeren zu erwarten, aber auch weniger negative Sanktionen als die, die stets die Aufmerksamkeit auf sich ziehen. Sie geraten nicht so leicht in die Schusslinie, nicht so schnell unter Verdacht und sie werden nicht so oft aufgerufen. Der Verzicht aufs Rampenlicht lohnt sich: Abtauchen kann rettend sein!

Für manche Schüler scheint das die große Lehre ihrer Schullaufbahn: zu wissen, wie man nicht auffällt.

Die Frage ist nur, ob diese Lehre sinnvoll ist. Sollte ein Mensch in vielen Jahren Schulzeit nicht auch den Mut erwerben, sich von der Masse zu unterscheiden? Den Mut aufzufallen?

Auf Freizeit verzichten

Wer schulisch erfolgreich sein will, muss einen nicht unerheblichen Anteil seiner Freizeit für diesen Erfolg opfern – es sei denn, er ist ein begnadetes Genie, dem alles zufliegt.

Auf Freizeit zu verzichten, auf schöne Zeit, das mag vernünftig klingen. Es kann aber auch ein Schritt weg von Genussfähigkeit, von der Leichtigkeit des Seins sein. Auf das zu verzichten, was einem wirklich Spaß macht, ist immer auch ein Schritt weg von sich selbst.

Natürlich ist hier nicht die Rede von den ein bis zwei Stunden Hausaufgaben zusätzlich zur Schule. Aber viele

Schüler müssen dem schulischen Erfolg ein wesentlich höheres Zeitopfer bringen. Nach Aussagen von zahlreichen Eltern leistungsstarker Schüler bleibt an einem normalen Werktag neben Schule, Hausaufgaben und weiteren Verpflichtungen wie Sport oder Musik kaum Zeit für sich selbst. Für manche reicht es noch nicht mal für die letztgenannten Hobbys. Sie müssen auf die Gitarrenstunde oder den Reitunterricht verzichten, wenn sie schulisch Schritt halten wollen.

Auch in diesem Kapitel ist unübersehbar: Alles hat zwei Seiten. Dass Sie dies wussten, ist mir klar. Ebenso klar ist mir aber auch, dass Eltern dazu neigen, die Sache mit dem schulischen Misserfolg nur von einer Seite zu betrachten und zwar von der schlechten. Lassen Sie also ruhig auch mal die andere Sichtweise zu – es kann nicht nur Ihrem Kind helfen.

Was Schule alles erreichen will –

und was sie tatsächlich vermittelt

Wissen, Können, Bildung und Erziehung

Schüler von heute werden durch Lehrer von gestern auf die Aufgaben von morgen vorbereitet.

Verfasser unbekannt

Lernt man in der Schule zu wenig? Oder zu viel? Oder das Falsche? Wer erinnert sich noch an all das, was er von der ersten bis zur letzten Klasse gelernt hat? Rückblickend ist für viele Menschen der einzig passende Kommentar zu einer Reihe von Lerninhalten ein lapidares »Hab ich nie gebraucht!«

Woher aber soll Schule heute wissen, was die richtigen Lerninhalte sind für ein Leben in der Zukunft? Damit ist sie schlicht überfordert. Es wird nicht zu umgehen sein, dass Menschen ein Leben lang weiterlernen.

In dieser Hinsicht hatten es die Menschen in früheren Zeiten leichter. Das Bildungsideal war lange Zeit fest umrissen und über jeden Zweifel erhaben. So war es über einen langen Zeitraum völlig unumstritten, dass gründliche Kenntnisse in Latein und Griechisch eine wichtige Grundvoraussetzung für alles Weitere bildeten. Dies ist heute völlig anders. Ein verbindliches Bildungsideal gibt es nicht mehr, und so wird alles, was die Schule vermittelt, am Aspekt der späteren Verwendbarkeit gemessen.

Was Menschen in der Schule lernen sollen, ist also umstritten – gerade in einer Zeit, in der sich das Wissen ständig und rasant vermehrt. Gibt es überhaupt Lerninhalte, die – objektiv gesehen – notwendig sind?

Im Grunde ist es so: Um manche Dinge zu erreichen, muss man dies können und wissen, um andere zu erreichen, etwas ganz anderes. Die Lerninhalte in der Schule aber sind vorgeschrieben. Wissen deshalb alle, die ein und dieselbe Schule besucht haben, das gleiche? Nein, das, was sich Menschen merken, hat eben etwas damit zu tun, wofür sie sich interessieren. Alles, was sie nicht interessiert, wird erstens unter Schwierigkeiten oder gar nicht gelernt und zweitens ganz leicht und ganz schnell wieder vergessen.

»Kinder können noch nicht beurteilen, welches Wissen bzw. welche Fähigkeiten sie einmal brauchen werden«, könnte man einwenden. Dabei können auch die Erwachsenen nicht sagen, was für heutige Kinder in unserer sich immer schneller verändernden Welt künftig wichtig sein wird.

Annäherung an einen Kanon

In einem Referat im Rahmen des Kinderpolitischen Symposiums des Bayerischen Jugendrings beschäftigte sich Angelika Speck-Hamdan mit der Frage »Bereitet die Schule auf das Leben vor?« Hier ein Ausschnitt: »Fragen Sie sich doch einmal selbst: Was von dem, das ich in der Schule gelernt habe, hat mich auf das Leben vorbereitet? Was von dem, das ich in der Schule gelernt habe, war später nicht mehr brauchbar?

Vieles kann Ihnen jetzt eingefallen sein, z.B.: das Datum des Westfälischen Friedens, schön zu schreiben, einen Handstand zu machen, das Einmaleins, das Lesen, eine fremde Sprache, andere ausreden zu lassen und weitere Regeln für Diskussionen, Abfälle in die dafür aufgestellten Behälter zu werfen, sich beim Abschreiben und anderen Mogeleien nicht erwischen zu lassen, sich in einer Gruppe zu behaupten, Lehrer zu beschummeln, sich in Konkurrenz mit anderen zu messen, Aufmerksamkeit vorzutäuschen, wenn einem in Wahrheit schrecklich langweilig ist usw.

Was Schule alles erreichen will

Dieses Sammelsurium macht schon deutlich, dass die Schule mehr vermittelt als das ›reine Wissen‹, die Schule vieles lehrt, das nicht im Lehrplan vorgeschrieben ist, man keine eindeutige Antwort geben kann.«

Einen Kanon von Dingen aufzustellen, die »man im Leben braucht«, war schon immer schwierig; ganz besonders schwierig aber scheint dies in Zeiten, in denen sich im Hinblick auf Wissen und Wertvorstellungen innerhalb so kurzer Zeit so viel ändert.

Ein kleines Potpourri von Schulabgänger-Antworten auf die Frage: »Wie steht ihr zu dem, was euch die Schule gelehrt hat?«

- Der Unterricht war trocken und nie, aber wirklich nie aktuell.
- Ich habe in der Schule gelernt, sehr, sehr gute Spickzettel zu schreiben.
- Selbstbewusstsein ist unter anderem sehr wichtig fürs Leben. Im Unterricht wird dies außer Acht gelassen, was – meiner Meinung nach – ein großer Fehler ist, weil es heute in der Gesellschaft gefordert wird.
- Viel wichtiger wäre es doch, wenn man auf die Stärken der Schüler intensiver eingehen würde, als ihnen das reinzuprügeln, was ihnen so oder so nicht liegt.
- Zu wissen, wo man Dinge nachschlagen kann, ist viel wichtiger als Wissen an sich. Man kann ja nicht alles wissen. Ich weiß, dass ich mit ein bisschen Vorlauf alles tun kann, wozu ich Lust (und Zeit) habe, denn mir ist ja bekannt, woher ich das nötige Wissen dazu bekomme.

Und eine weitere Antwort auf diese Frage – diesmal von einem, der mit weit größerem Abstand zurückblickt:

Was Schule alles erreichen will

Edgar D., 63, Diplom-Volkswirt
Wichtiges und für Studium und Berufsleben Brauchbares wurde uns vorenthalten. Einiges von dem musste ich mir später im Eigenstudium aneignen, so etwa die für meine Auslandstätigkeit notwendigen Sprachkenntnisse und nicht zuletzt das Schreiben auf einer Tastatur. Unser Seminardirektor hatte Kenntnisse in Maschinenschreiben für eine Qualifikation gehalten, die untergeordneten Hilfskräften vorbehalten sein sollte. Sein Credo: »Lernt anständig Latein und Griechisch, dann habt ihr später eine Sekretärin, die das für euch tut.« Daran, dass später etwas kommen könnte, was sich PC nennt und selbst von Führungskräften den gekonnten Umgang mit einem Keyboard verlangt, hat er nicht gedacht. Ich war überrascht, wie schnell das Nachholen der Versäumnisse ging, vielleicht einfach deswegen, weil ich motiviert und konzentriert daranging. Wissen kann nicht nur während der Schulzeit erworben werden, es geht auch später noch, selbst im vorgerückten Alter. Es wäre doch traurig, wenn man den Zenit seines Wissensstandes als Abiturient erreichte, und es dann nur noch abwärts ginge.

Sammelt man Stimmen von Erwachsenen, was sie während der Schule nicht gelernt haben, aber rückblickend hätten lernen wollen, so fallen immer wieder folgende Schlagwörter:

- Konfliktmanagement, Zeit- und Selbstmanagement, Arbeitsorganisation,
- kritisches Denken und logisches Argumentieren, Probleme strategisch lösen,
- Kommunikation,
- effektiv und effizient mit Texten arbeiten,
- Medienkompetenz, E-Mails richtig schreiben,
- Feedback geben und bekommen.

Gerade im Sammelsurium dieser Auflistung wird klar, dass die reine schulische Wissensvermittlung viel zu kurz

Was Schule alles erreichen will

greift. Dies wird auch in den hohen Zielen deutlich, die die einzelnen Bundesländer den Schulen setzen. Hier ein gekürzter Auszug aus dem Bayerischen Gesetz über das Erziehungs- und Unterrichtswesen (BayEUG) von 2000:

Art. 2 Aufgaben der Schulen

(1) Die Schulen haben insbesondere die Aufgabe,

- Kenntnisse und Fertigkeiten zu vermitteln und Fähigkeiten zu entwickeln,
- zu selbständigem Urteil und eigenverantwortlichem Handeln zu befähigen,
- zu verantwortlichem Gebrauch der Freiheit, zu Toleranz, friedlicher Gesinnung und Achtung vor anderen Menschen zu erziehen, zur Anerkennung kultureller und religiöser Werte zu erziehen,
- Kenntnisse von Geschichte, Kultur, Tradition und Brauchtum unter besonderer Berücksichtigung Bayerns zu vermitteln und die Liebe zur Heimat zu wecken,
- zur Förderung des europäischen Bewusstseins beizutragen,
- im Geist der Völkerverständigung zu erziehen,
- die Bereitschaft zum Einsatz für den freiheitlichdemokratischen und sozialen Rechtsstaat und zu seiner Verteidigung nach innen und außen zu fördern,
- die Durchsetzung der Gleichberechtigung von Frauen und Männern zu fördern und auf die Beseitigung bestehender Nachteile hinzuwirken,

Was Schule alles erreichen will

- die Schülerinnen und Schüler zur gleichberechtigten Wahrnehmung ihrer Rechte und Pflichten in Familie, Staat und Gesellschaft zu befähigen, insbesondere Buben und junge Männer zu ermutigen, ihre künftige Vaterrolle verantwortlich anzunehmen sowie Familien- und Hausarbeit partnerschaftlich zu teilen,
- auf Arbeitswelt und Beruf vorzubereiten, in der Berufswahl zu unterstützen und dabei insbesondere Mädchen und Frauen zu ermutigen, ihr Berufsspektrum zu erweitern,
- Verantwortungsbewusstsein für die Umwelt zu wecken.

Und dazu ein kleiner Ausschnitt aus einer Verlautbarung der Bund-Länder-Kommission für Bildungsplanung und Forschungsförderung:

Strategien für Lebenslanges Lernen in der Bundesrepublik Deutschland, 2004
»(...) Das Jugendalter ist geprägt von überwiegend fremdorganisierten Lernangeboten und von der Pflicht zum Lernen, die von den formalen Bildungsinstitutionen ausgehen. Im Rahmen der Erziehung zu Lebenslangem Lernen ist es deshalb eine ganz wichtige Aufgabe der Schule, auch die Fähigkeit zu selbstorganisiertem Lernen zu vermitteln, das selbstständige Lernen einzuüben und die natürliche Lust junger Menschen, lernen zu wollen, wach zu halten und zu fördern. (...)«

Vieles und vielerlei ist es also, was die Schule zu leisten verspricht, vieles und vielerlei ist es auch, was sie sich – nach Ansicht ihrer Kritiker – zusätzlich oder alternativ auf die Fahne schreiben sollte. In der gegenwärtigen Situation sieht es ganz nach einer Zitterpartie aus: Lehrt die Schule das Richtige? Schafft sie es, Schüler auf die Welt von morgen vorzubereiten?

Neben erklärten Bildungs- und Erziehungs*zielen* scheint ein Blick auf das, was die Schule eher gering schätzt, an dieser Stelle lohnenswert.

Was die Schule nicht fördert – obwohl man es im Leben braucht

Natürlich ist unbestritten, dass man in der Schule jede Menge Dinge lernt, die man im sogenannten Leben dringend braucht. Dennoch sieht es ganz danach aus, dass einem die Schule – trotz guter Absichten – Lernzuwachs vorenthält, der dringend nötig wäre.

Was fördert bzw. lehrt die Schule also nicht oder nur unzureichend?

Kreativität

> **Vermutlich weil heutzutage beinahe alle Kinder zur Schule gehen, sind sie so hoffnungslos unfähig, eigene Ideen zu entwickeln.**
>
> *Agatha Christie, britische Schriftstellerin, 1890–1976*

> **Phantasie ist wichtiger als Wissen, denn Wissen ist begrenzt.**
>
> *Albert Einstein, deutscher Physiker, 1879–1955*

Der zehnjährige Thomas schreibt in der vierten Klasse einen Aufsatz. Es ist eine sogenannte Reizwortgeschichte. Aus drei verschiedenen Wörtern soll er eine Erlebniserzählung basteln. Das tut er auch, sogar gekonnt, aber der

Aufsatz gerät zu einer Sportreportage. Die Lehrerin bescheinigt ihm, eine sehr gute Reportage geschrieben zu haben, gibt ihm aber keine gute Note. Verständlich! So ist das in der Schule nun mal. Vieles verläuft in streng festgelegten Bahnen. Nicht das wird mit Freude und einer guten Zensur belohnt, was Schule – vielleicht zufällig, auf jeden Fall aber glücklicherweise – Positives aus einem Schüler herauslockt, sondern das, was gefordert war.

Wenn einem Schüler – ausgelöst durch eine Themenstellung – etwas wirklich Gutes gelingt, wird nicht das Gute an sich belohnt, sondern die Bewertung orientiert sich an dem, was verlangt war.

Wie viele Schüleraufsätze mögen schon – wegen Verfehlung des Themas – mit einer Fünf oder Sechs »belohnt« worden sein, obwohl sie gut waren. Sie waren gut und durch das Thema ausgelöst, aber sie trafen die Themenstellung nicht. Nun mag man anführen, dass dies berechtigt ist. Und dass junge Menschen sich beizeiten daran gewöhnen müssen, auf Themenstellungen zu achten. Und dass dies von höchst intellektuellem und pädagogischem Wert ist. Eines aber kann man nicht abstreiten: Kreativität im Sinne von schöpferischem Denken und Handeln wird auf diese Weise weder belohnt noch gefördert.

Ich erlebe diese Diskrepanz immer wieder in meiner eigenen Lehrerinnentätigkeit. Im regulären Deutschunterricht bewerte auch ich nach vorgegebenen Kriterien. Ob es sich um »Einleitung – Hauptteil – Schluss« oder um »Inhaltsangabe steht im Präsens!« handelt, ob »sachlich-informativ« oder »appellativ« gefordert ist – immer wird das Schülerergebnis daran gemessen, wie weit es sich an erlernten Vorgaben orientiert. Wenn ich nachmittags aber in meiner Arbeitsgemeinschaft »Schreibwerkstatt« versuche, die Lust am Schreiben zu fördern, dann setze ich oft nur einen Impuls und lasse die Schüler schreiben. Es fasziniert mich immer wieder, welch unterschiedliche Ergebnisse die jungen Schriftsteller – ausgelöst durch ein und demselben Impuls – zu Papier bringen: Thriller, Liebesgeschichte, Science-Fiction, Krimi, Beginn eines Romanes, Erzählung, Tagebucheintrag ... Wie froh ich jedes Mal bin, dass die Schüler diese Möglichkeit haben und nutzen! Manchmal sind genau die Kinder besonders einfallsreich, die im Deutschunterricht so gar nicht brillieren.

Natürlich lässt sich der Aspekt »mangelnde Honorierung von Kreativität« nicht auf den Deutschunterricht reduzieren. Da Schule klare Zielvorgaben hat und die Erreichung dieser Ziele so gut wie immer bewertet, tut sie sich grundsätzlich sehr schwer damit, auch etwas zu belohnen, was so gar nicht vorgesehen war.

Professor Hüther wirft der heutigen Schulwirklichkeit vor, sie orientiere sich noch am Maschinen- und Industriezeitalter, in dem es wichtig war, wie ein Rädchen im Getriebe zuverlässig seinen Kram zu erledigen. Jetzt aber brauche die Gesellschaft nicht mehr so viele Menschen, die gut funktionieren, sondern Menschen, die mit Wissen kreativ umgehen können. Er fordert daher Schulen, in denen diese Möglichkeiten geboten werden.

Schule bietet aber nicht nur wenig Raum, Kreativität zu entwickeln, sie honoriert Kreativität auch eher wenig.

Der 18-jährige Leon ist unzweifelhaft ein äußerst begabter junger Mann. Er malt – wie sein Vater, ein Künstler – hervorragend und er musiziert und komponiert meisterhaft. Die jeweiligen Schulen, die er besucht, würdigen seine Talente in Maßen. Wenn er bei schulischen Veranstaltungen musiziert, sonnt man sich in seinem Glanze, im Kunstunterricht gibt es gute Noten, aber ansonsten – Fehlanzeige! Er kommt schlicht und ergreifend nicht gut klar. Das Gymnasium hat er verlassen müssen, auf der Realschule schafft er die Mittlere Reife mit Mühe.

Was Schule alles erreichen will

Ähnlich: Der 20-jährige Peter hat den Ruhm seiner Schule jahrelang mit seinem überragenden Schlagzeugspiel in der Schulband mehren helfen. Ungezählte Zeitungsartikel gab es, in dem sein Talent gepriesen wurde. Sein Abitur scheitert um einen Punkt im Fach Englisch.

Wie wenig Kreativität in der Schule oft wertgeschätzt und gefördert wird, zeigen auch die folgenden Beispiele.

Kreativ schaffende Prominente, die in der Schule wenig Wertschätzung erfuhren

Sänger, Schauspieler, Mediengrößen

Hans Albers, der seine Lehre abbrach, *Walter Sedlmayr*, der die Schule mehrmals wechseln musste, *Ringo Starr* und *John Lennon*, zwei der legendären Beatles, der Liedermacher *Georg Danzer*, sie alle waren keine guten Schüler.

Charlotte Grace Roche blieb zweimal sitzen, kam ohne Abi direkt zum Fernsehsender VIVA Zwei, war plötzlich Deutschlands bekannteste Szene-Moderatorin und ist mittlerweile sogar Bestsellerautorin.

Die »Wahre Liebe«-Moderatorin *Lilo Wanders* bekennt sich dazu, sich durch die Schulzeit gequält zu haben. Erst mit Mitte 20 habe sie das Gefühl gehabt, jetzt könne sie lernen. Schule sei für sie ein Trauma gewesen.

Medienprofi *Günter Jauch* musste sich seine breit gefächerte Allgemeinbildung hart erarbeiten. Er sei ein sehr mittelmäßiger Schüler gewesen und wollte »immer möglichst wenig für die Schule tun und gleichzeitig möglichst wenig Ärger haben« – so seine eigene »Faulheitstheorie«.

131

Was Schule alles erreichen will

Schriftsteller

Wilhelm Hauff ging lieber aufs Feld, hörte die Vögel singen, als dass er sich mit den Aufgaben für die Schule »abmarterte«.

Eduard Mörike zeichnete sich mehr durch Arreststrafen als durch gute schulische Leistungen aus.

Ludwig Thoma verarbeitete in seinen Lausbubengeschichten seine eigene Kindheit und Jugend, in der er unter der Schule gelitten hatte. Gegen Scheinautorität und Doppelmoral hatte er sich so heftig zur Wehr gesetzt, dass er häufig die Schule wechseln musste. Er sah »Schule« als etwas Bedrückendes an, wo »ungeheuer viel Respekt verlangt und recht wenig eingeflößt wurde«.

Michael Ende konnte es nicht leiden, ständig Gedichte auswendig lernen zu müssen. Viel lieber spielte er stattdessen auf seiner Gitarre oder mit seinen Haustieren, mit denen er in einer richtigen Phantasiewelt lebte.

Elfie Donnelly, Trägerin des Deutschen Jugendbuchpreises und »Erfinderin« von Benjamin Blümchen und Bibi Blocksberg, erzählt, sie habe die Schule während ihrer Pubertät infolge von unglaublicher Selbstüberschätzung absolut unnötig gefunden. »Ich stürzte total ab, musste zweimal die Klasse wiederholen.«

Ein hilfreicher Gedanke für Eltern:
Ich freue mich über jeden Anflug von Kreativität meines Kindes, auch wenn es in der Schule dafür nicht belohnt wird.

Was Schule alles erreichen will

Entdeckung eigener Ressourcen und Wertschätzung fremder Fähigkeiten

Leider vermittelt Schule eher selten, eigenständig zu denken und sich seine Meinung zu bilden, sondern man lernt eher das »Hinterherdenken«, indem man sich die Gedanken von anderen einverleibt und wiederkäut. So lernt man eben auch nicht, seinen eigenen Weg zu finden und sein eigenes Wesen zu entdecken, sondern sich anzupassen und das zu wissen, was man eben so »wissen muss«.

Dass die Schule den Schülern nicht wirklich hilft, sich selbst zu finden, ist in meinen Augen tatsächlich ein großer Mangel. Wer bin ich eigentlich? Was macht mich glücklich? Wie und wo kann ich tiefe Befriedigung finden? Wo liegen nicht nur meine Schwächen, sondern vor allem auch meine Stärken? Das, was in einem Menschen schlummert, zu wecken, das sollte Schule schaffen.

Dass sie dies häufig nicht kann, unterstreicht die Aussage des Unternehmers Prof. Jörg Knoblauch (Experte für Zeit-Management und Autor), er erlebe es immer wieder, dass Menschen sich für vollkommen falsche Stellen bewerben, weil sie ihre Stärken gar nicht kennen.

Wie radikal die Veränderung eines jungen Menschen sein kann, wenn Schule ihm dazu verhilft, zu sich zu finden, zeigt das Beispiel eines heute 19-jährigen Mädchens. Sie besuchte die Realschule derart lustlos, dass es immer wieder zu Ermahnungen kam, weil sie im Unterricht buchstäblich schlief. Irgendwann eskalierte die Sache und man legte der Mutter nahe, das Mädchen von der Schule zu nehmen. Mit Mühe und Not konnte eine andere Realschule dafür gewonnen werden, ihr die »letzte Chance« zu geben. Und siehe da, das Mädchen blühte auf, engagierte sich und lernte. Die mittlere Reife legte sie mit einem Einser-Schnitt ab. Ihren Ausbildungsberuf liebt sie.

133

Was Schule alles erreichen will

Nach Aussagen von Mutter und Tochter scheinen zwei Dinge für das Wunder verantwortlich: Der neue Lehrer bemühte sich sehr darum, das Selbstvertrauen jedes (!) einzelnen Schülers zu stärken. Und die neue Schule ging durch ihr reichhaltiges Angebot auf die unterschiedlichen Begabungen und Neigungen aller (!) Schüler ein. Das Mädchen, das mit der Schule eigentlich schon abgeschlossen hatte, erfuhr plötzlich, dass es etwas wert war, dass es etwas konnte, erlebte sich mit einem Mal als tüchtig, als anerkannt. Dies übertrug sich auf die Gesamtmotivation, sich anzustrengen.

Neben dem »Sich-selbst-Finden« könnte Schule natürlich auch dabei helfen, fremde Fähigkeiten als Bereicherung und nicht als Konkurrenz, als Bedrohung anzusehen. Wenn Kinder zu starken Persönlichkeiten erzogen werden, die sich selbst reflektieren können, haben sie die Chance, bestimmte Fähigkeiten zu entwickeln, ohne Opfer davon zu sein. Sie können dann zum Beispiel sagen: Ich bin gut im logischen Denken, und mein Freund kann ein Zimmer super gestalten. Keiner muss dabei schlechter oder besser sein. Beide haben einfach unterschiedliche Begabungen. Dies kann die Beziehung bereichern. Leider sieht es selten so aus.

Ein hilfreicher Gedanke für Eltern:
Ich unterstütze mein Kind darin, sich selbst zu finden, auch wenn dies schulisch nicht honoriert wird.

Selbstgesteuertes und selbstständiges Arbeiten

Schule gibt vor, was zu lernen ist. Schule ahndet mit schlechten Noten, wenn das Vorgegebene nicht gelernt wurde. Aus eigenem Antrieb zu lernen, zu arbeiten, dafür bleibt wenig oder gar kein Raum. Wer sich erst einmal daran gewöhnt hat, dass er nur dann etwas arbeitet, wenn es sich notenmäßig lohnt, der hört weniger auf sich als auf andere.

Dass dies zu einer Totalverweigerung führen kann, aber auch, wie einer nach tiefer (Pubertäts-)Krise doch noch den Weg zum selbstgesteuerten Arbeiten findet, zeigt der Bericht eines jungen Studenten.

Thomas C., 20

Meine Erinnerung an die Zeit meiner schulischen Krise ist nicht wirklich lebhaft oder bildreich. Sie besteht hauptsächlich aus einzelnen Gefühlen, Momenten und einigen Ereignissen, die mir – vielleicht etwas verzerrt – im Gedächtnis geblieben sind. Am besten fange ich so in der 8. Klasse an. Hier ist nämlich einer dieser wenigen gut erhaltenen »Erinnerungsfetzen« angesiedelt: Ich komme aus dem Skilager heim und bin plötzlich, mit einem Schlag, wie es mir jetzt im Nachhinein vorkommt, in der Pubertät. Auf einmal finde ich es daheim langweilig, wünsche mir wieder den »Idealzustand« der Klassenfahrt, mit meinen Freunden zusammen zu sein und ein quasi-selbstständiges Leben zu führen. Am Anfang nervte mich daheim einfach alles. Ich hatte keine Lust zu erzählen, wie es war, hatte eigentlich überhaupt nicht Lust zu reden und fand es einfach nur scheiße, jetzt wieder in den (im Nachhinein betrachtet nicht wirklich vorhandenen) Zwängen von »Daheim« zu leben. Als ich dann am Montag wieder in die Schule kam, war zwar das Skilager noch Tagesgespräch, aber im Laufe der Zeit kehrte das Leben wieder in seine gewohnten Bahnen zurück. Es kotzte mich an, es langweilte mich, aber was konnte ich tun? Ich machte zuerst einfach auch wieder mehr oder weniger normal weiter. Doch in meinem Kopf schwirrten mit einem Mal so viel mehr Themen herum – vor, während und nach der Schule. Die Brüste einer jungen Referendarin, das angehimmelte, aber unerreichbare Mädchen, der Spaß mit meinen Klassenkameraden – all diese Dinge traten immer mehr in den Vordergrund. Die sowieso schon immer sehr geringe Lust aufs Lernen schrumpfte noch weiter zusammen und im Unterricht hatte ich meistens Besseres zu tun als aufzupassen. Wen wundert es, dass da die Noten schlechter wurden?

Das am Ende Ausschlaggebende war, dass fast keiner der Lehrer diese Entwicklung zu verstehen schien. Wer schlechte Noten hatte, tat zu wenig – oder war zu dumm fürs Gymnasium. Ich war ja bei weitem nicht der Einzige, der von der Siebten bis zur Neunten immer weiter nach unten rutschte. Doch so etwas wie »Na ja, das ist halt die Pubertät!« haben weder ich, noch meine Eltern, noch irgendeiner meiner Freunde von diesen Lehrern gehört. Als ich dann in der neunten das Halbjahreszeugnis bekam und in ungefähr der Hälfte der Fächer gefährdet war, hatte ich seit einem halben Jahr nichts mehr ernsthaft für die Schule getan. Das Zeugnis war für meine Eltern ein Schock. Ich war zum Spezialist im Verheimlichen geworden und sie hatten keine Ahnung, wie schlecht es um meine Noten stand. Von diesem Schock blieb ich natürlich nicht unberührt. Außerdem wollte ich ja auch nicht wirklich durchfallen. Aber meine Versuche scheiterten. Die immer wieder von einer Sechs belohnten »neuen Chancen« in der Latein-Ausfrage stießen nur noch tiefer in die »Ich bin einfach zu dumm«-Wunde. Als klar war, dass ich das Klassenziel unmöglich erreichen würde, überlegten wir hin und her, was jetzt zu tun sei. Einfach wiederholen? Auf die Realschule? Oder die Schule wechseln und dort wiederholen?

Der Wendepunkt war hier der Besuch bei einer Schulberatungsstelle. Mit starken Zweifeln an meiner Intelligenz ging ich mit meiner Mutter dorthin. Mit einem Entschluss unterm Arm fuhren wir nach Hause. Nachdem ich dem Schulberater in gefühlten fünf Minuten meine Schullaufbahn und meine Zweifel erzählt hatte, teilte mir der Herr dort mit, für ihn wäre da alles klar. Er sagte, dass ich in seinen Augen nirgendwo anders als auf ein Gymnasium gehöre, das merke er schon im Gespräch. Da brauche man auch gar keinen Test zu machen, denn was da rauskomme, wüsste er sowieso schon. Er war der erste Außenstehende, der mich nicht nach Noten beurteilte, sondern nach mir selbst. Damit stellte er meinen Glauben an mich wieder her. Ich fing schon in den Tagen danach wieder mit dem Lernen an – und es klappte! Ich büffelte wieder für die Schule, obwohl das Wiederholen schon unausweichlich war, einfach nur, weil ich wollte und weil ich mir damit beweisen konnte, dass ich eben nicht »zu dumm« war.

Die meisten meiner Freunde, die gleichzeitig mit mir durchgefallen sind, gingen auf die Realschule. Alle schlossen sie sie gut ab. Sicher hätten sie auch das Gymnasium durchgestanden, wenn ihnen nicht davon abgeraten worden wäre.

Ich selbst wechselte nur das Gymnasium. Die folgenden Sommerferien waren wohl die lernintensivsten meiner Schullaufbahn. Ich war so motiviert, dass ich zwei komplette Lateinbücher »neu lernte«. Meine Motivation wurde dann noch durch die Lehrer an der neuen Schule unterstützt. Auch wenn ich jetzt gute Noten hatte, man wurde hier nicht mehr als »funktionierendes oder nicht funktionierendes Es« betrachtet, sondern als Individuum.

In meiner »zweiten 9. Klasse« bereitete ich mich auf jede einzelne Stunde vor und hatte im Zeugnis einen Notendurchschnitt von 1,9. Vor kurzem habe ich mein Abiturergebnis erhalten: 2,1. Inzwischen studiere ich an meiner Wunsch-Universität. Und ich habe es – dank wissenschaftlich anerkannter Tests – schriftlich, dass ich sogar hochbegabt bin.

Selbstverständlich mühen sich unzählige Lehrkräfte, ihre Schüler zum selbstständigen Arbeiten anzuleiten. Doch auch der selbstständigste Schüler weiß, dass hinter ihm der Lehrer lauert, dass da ein Mensch ist, der überwacht, der überprüft, der ständig Ergebnisse sehen will. Und auch der selbstständigste Schüler weiß, dass an einem Tag ohne Lust die Arbeit in der Schule an andere abgedrückt werden kann. Und dass, wenn auch die einen Tag ohne Lust erleben, nichts wirklich Schreckliches passiert. Die meisten Schüler gewöhnen sich so daran, im besten Falle die verlangten Aufgaben selbstständig zu erledigen. Selbstständig zu erkennen, was an Arbeit nötig ist, selbstständig sich Arbeit einzuteilen, selbstständig ein Problem zu beheben – das lernen sie eher nicht.

> **Ein hilfreicher Gedanke für Eltern:**
> Ich gebe meinem Kind die Chance, selbstgesteuert und selbstständig zu arbeiten, indem ich ihm Vertrauen schenke und damit rechne, dass nicht alles gleich auf Anhieb klappt.

Positiver Umgang mit Schwierigkeiten und eigenen Schwächen

In der Schule geht es um Leistung und Erfolg. Wenn aber jedes Nicht-Können, Nicht-Wissen, jedes Nicht-Kapieren mit schlechten Noten bestraft wird, wie soll ein Mensch dann in der Lage sein, ebendiese Negativ-Erlebnisse positiv zu würdigen? Wie soll er dann denken können:

> **Alle Hindernisse und Schwierigkeiten sind Stufen, auf denen wir in die Höhe steigen.**
> *Friedrich Nietzsche, deutscher Philosoph und klassischer Philologe, 1844–1900*

Wer erst im zweiten Schulhalbjahr die bisher vorhandenen Probleme als Stufen zu sehen beginnt, steigt keineswegs in die Höhe, sondern fällt schlichtweg durch und vermutlich in ein tiefes Loch. Keiner kann ihn retten, wenn der Lerneifer zu spät einsetzt. Keiner sagt zu ihm: Der Durchschnitt deiner Jahresleistung ist zwar unter aller Kanone, aber in den letzten beiden Monaten hast du gezeigt, dass du dich von Schwierigkeiten nicht unterkriegen lässt. Du packst das!

Wie soll jemand erkennen, dass Schwierigkeiten zum Leben nicht nur gehören, sondern dessen Verlauf auch positiv beeinflussen können, wenn er für »Schwierigkeiten in Mathematik« im besten Fall einen Tadel, im schlechtesten eine Sechs erhält?

Die Schule funktioniert nun mal so, dass Erfolg erwartet wird. Bei Misserfolg ist Sorge angesagt, das Nicht-Erreichen des Klassenziels rückt näher. In den seltensten Fällen können Lehrer ihre Schüler auffangen, indem sie sagen: »Keine Sorge, wir packen das! Wenn nicht so, dann anders.«

Und das nicht, weil Lehrer so faul und unengagiert sind, sondern weil dies einfach nicht drin ist – weder zeitlich, noch kräftemäßig.

»Hast du schon jemals etwas so wunderschön zusammenstürzen sehen?« Mit diesen Worten kommentiert Alexis Sorbas im gleichnamigen Film den Einsturz einer von ihm selbst liebevoll erdachten Konstruktion. Wie entlastend könnte es für so manchen Schüler sein, eine ähnlich geartete Bemerkung zu hören, wenn er eine Arbeit so richtig in den Sand gesetzt hat, wie etwa »So schlimm ist das auch wieder nicht!« oder »Jedem geht mal was daneben.« oder »Aus Fehlern kann man lernen.« Das ganze lächelnd vorgetragen und nicht mit einer Weltuntergangs-Miene.

Natürlich hilft ein »Schätzchen, lern weiter nichts für deine Tests! Du bist prima so.« kein bisschen. Aber oft genug geht schulisch etwas daneben, obwohl »Schätzchen« gelernt hat. Und Katastrophenstimmung bewirkt nun mal selten etwas Positives.

Wer es beizeiten lernt, mit Schwierigkeiten im Allgemeinen und mit persönlichen Schwächen im Speziellen normal, ja positiv umzugehen, ist fürs Leben besser gewappnet als der, der mit dem Gefühl groß wird, es müsse alles glatt gehen und Fehler seien etwas Schreckliches.

Was Schule alles erreichen will

> **Ein hilfreicher Gedanke für Eltern:**
> Ich bemühe mich darum, meinem Kind das Gefühl zu vermitteln, dass Fehler auch ihr Gutes haben.

Widerspruchsgeist

> **Jedes Kind, das etwas taugt, wird mehr durch Auflehnung als durch Gehorsam.**
>
> *Sir Peter Ustinov,*
> *britischer Schauspieler und Multi-Talent, 1921–2004*

In der neuen Schule Albert Einsteins war brave Unterordnung nicht so gefragt. Bei einer geologischen Exkursion im Schweizer Jura fragte ihn der Erdkundelehrer: »Nun, Einstein, wie verlaufen hier die Gesteinsschichten? Von oben nach unten oder von unten nach oben?« Die Antwort lautete: »Das ist mir eigentlich ziemlich egal.« Der Erdkundelehrer lachte und befand: »Das ist doch mal ein origineller und interessanter Kopf!«

Glück hat Einstein da gehabt, würde ich sagen. Von den meisten Lehrkräften – und ich möchte mich da lieber nicht ausschließen – wird ein Verhalten wie dieses wenig wertgeschätzt. Es klingt doch zu sehr danach, dass der Schüler Schule und Lehrkraft nicht genügend ernst nimmt und sich eine Frechheit erlaubt.

Dabei wäre es in Wirklichkeit doch zu begrüßen, wenn schon junge Menschen lernen würden, in angemessener Art und Weise, aber ehrlich

- ihre Meinung zu sagen,
- zu widersprechen,
- nein zu sagen.

Dass blinder Gehorsam als Wert nicht zu bejahen ist, haben die Geschichte im Allgemeinen und viele Geschichten im Kleinen hinlänglich gezeigt. Nur eine kritische Geisteshaltung kann verhindern, dass sich in einer Gemeinschaft Unrecht durchsetzt und dass die Falschen das Sagen bekommen. Wer aber als Erwachsener kritisch denken soll, muss früh damit anfangen.

Tun unsere Jugendlichen doch, könnte man einwerfen. Die sind doch ohnehin renitent genug. Ja, Hemmungen ihre Meinung zu sagen, haben die Kids heute weit weniger als frühere Generationen. Die Art und Weise, wie sie es tun, lässt dabei oft zu wünschen übrig.

Klar, weil sie es lernen müssen! Die Devise sollte also nicht sein, den Widerspruchsgeist an sich zu verteufeln, sondern ihm mit Wertschätzung zu begegnen. Wer zu Hause, aber eben auch in der Schule, immer wieder zu spüren bekommt, dass Nein-Sagen an sich nicht negativ sanktioniert wird, wird es zunehmend situationsgerecht einsetzen. Und wer zu spüren bekommt, dass die Art und Weise, wie man es tut, über Erfolg oder Misserfolg entscheidet, kann diese Art und Weise trainieren.

Viele Menschen geben zu, bis weit ins Erwachsenenalter hinein Probleme mit dem angemessenen Nein-Sagen gehabt zu haben. Kein Wunder, wenn sie es nicht lernen konnten!

> **Ein hilfreicher Gedanke für Eltern:**
> Ich freue mich darüber, dass mein Kind jetzt schon lernt, nein zu sagen und kritisch zu denken.

Emotionale Intelligenz und Sozialverhalten

Natürlich bringen wir das den Schülern bei, werden viele Lehrer jetzt sagen. Wer denn, wenn nicht wir? Und sie haben Recht.

Was Schule alles erreichen will

Viele Kinder bringen von zu Hause erstaunlich und erschreckend wenig Sozialkompetenz mit. Woran das liegt, kann viele Gründe haben: immer kleiner werdende Familien, eine wachsende Zahl an Kindern, die sich selbst überlassen sind, stärker werdender Medieneinfluss, soziale Verwahrlosung, Verwöhnung aufgrund falsch verstandener Liebe oder aufgrund von Bequemlichkeit ...

Dass die Schule da vieles richten muss oder dies zumindest versucht, dass sie dagegen wirken will, kann ich aus eigener Erfahrung bestätigen. Diesem Wirken aber sind Grenzen gesetzt.

Schule zwingt Lehrer nun mal dazu, Menschen immer und immer wieder den gleichen negativen Stempel aufzudrücken: schlecht in Mathematik, schlecht in Mathematik, schlecht in Mathematik ... Oder: Hat sich wieder nichts merken können, hat wieder in der Prüfungssituation versagt, hat wieder den Mund nicht halten können ...

Schule belohnt nun mal den, der die bessere Leistung bringt, und zwar alleine und nicht im Teamwork. Zwei, die in der Prüfungssituation zusammenarbeiten, die sich helfen, werden durch eine glatte Sechs bestraft. Einer, der aus Mitleid vorsagt, wird bestenfalls getadelt.

Schule lässt den, der offen zu seinen Gefühlen steht, oft zum Außenseiter werden. Die große Gruppe, der Klassenverband, fördert ein Verhalten, das alles andere als empathisch ist und oft nur als seelisch grausam bezeichnet werden kann. Menschen, die ihre Gefühle zeigen, landen in der Lächerlichkeit, im Abseits. Die Fassade der Coolness siegt. Wer weint, weil er Kummer hat, ist ein Weichei. Wer tobt, weil er wütend ist, soll sich gefälligst zusammenreißen. Wer hilflos ist, wird zum Opfer.

Wenn es ganz schlecht läuft, gerät Schule zu einer Profilierungsshow, bei der jeder Schüler zeigt, was er kann und dass er besser ist als alle anderen. Faktisches Ergebnis ist dann entweder der sich fügende, im schlechten Sinn angepasste Mensch oder der egoistische, rücksichtslose.

Aber wen hat man lieber um sich – einen sich ständig in den Vordergrund spielenden Schwätzer und Selbstdarsteller oder einen bescheidenen, zurückhaltenden Menschen? Und wer kommt in der Schule mehr zum Zug?

Fabian, 18, Fachoberschüler

Bei der mündlichen Englisch-Prüfung waren wir zu dritt. Die anderen beiden sind sehr viel lebhafter und durchsetzungswilliger als ich. Ich hätte zu vielen Dingen etwas sagen können und auch wollen, aber die anderen waren immer schneller und resoluter. Ich kam einfach nicht zu Wort.

Philipp, 20, Student

Als wir vorm Abitur unsere Punkte in den einzelnen Kursen erhalten haben, da akzeptierte ich sie. Einige meiner Mitschüler aber haben – wenn ich ehrlich bin, ohne handfeste Begründungen – so lange auf die jeweiligen Lehrer eingeredet, bis diese nachgegeben haben. Die hatten dann hier und dort einen Punkt mehr, der ihnen im Abiturschnitt helfen kann. Ich bin mir gar nicht mehr sicher, ob meine Zurückhaltung richtig war, aber es liegt mir einfach nicht, Menschen platt zu reden und um Punkte zu feilschen.

Auch Kommunikationsfähigkeit und Kenntnisse der Körpersprache kommen in der Schule oft zu kurz. Wer aber zum Beispiel weiß, wie er wirkt oder welche Wirkungen er erzielen kann, wird sich im Umgang mit Mitmenschen wesentlich leichter tun.

Wäre nicht ein Fach »Verhaltenslehre« oder »Kommunikation« denkbar? Oder vielleicht auch »Gefühlskunde«? Da könnten Schüler dann lernen, wie man sich in verschiedenen schwierigen Lebenssituationen verhalten kann oder wie man mit den eigenen Gefühlen umgeht und sie ausdrückt (was manchmal dasselbe ist).

Was Schule alles erreichen will

Der Kriminologe Christian Pfeiffer sagte zum Thema »Prävention und Jugendschutz«: »Unser Problem ist, dass unsere Schule zu sehr auf Wissensvermittlung setzt und zu wenig auf soziales Lernen. Die Nachmittagsgestaltung der Schulen müsste unter der Überschrift ›Lust auf Leben wecken‹ stehen. Wir vermitteln den Kindern zu wenig Möglichkeiten zum Austoben und bieten ihnen damit zu wenig Anerkennungschancen. Nicht alles ist intellektuelle Welt: Wer schlecht in der Schule ist, kann als Schultorwart oder als Tischtennisspieler brillieren. Man muss die Stärken der Kinder suchen und sie an der Stelle aufbauen, wo sie Perspektiven haben.«

Werner F., 56, leitender Manager

Was man in der Schule nicht oder nur ungenügend lernt, aber hier im Beruf dringend braucht, ist so etwas wie Empathie, emotionale Intelligenz, Teamworking, soziales Verhalten, Netzwerkbildung. Gerade Letzteres, das heißt die Kontaktpflege zu den richtigen Personen innerhalb und außerhalb der eigenen Firma, wäre so wichtig. Ebenso: Wie begeistere ich andere für eine gemeinsame Sache? Wie gehe ich Konflikte an, wie steuere ich sie? Was kann ich delegieren? Wie übertrage ich guten Leuten Verantwortung, damit die sich entwickeln können?

Dass die Schule viel zu sehr auf Kognitives setzt, sehe ich auch immer wieder bei Mitarbeitern, die sehr gute Schul- und Universitätsabschlüsse vorweisen können.

Wir hatten hier schon einen jungen Mann, der fachlich wirklich hervorragend war. Er leitete aus dieser seiner Qualifikation den Anspruch auf Führungsverantwortung ab. Fast wörtlich sagte er: »Ich bin sehr gut und weil ich der Beste bin, bin ich auch der optimale Teamleiter.« Obwohl er erst um die 30 war, zeigte er aber eine stark hierarchisch geprägte Führungsvorstellung, er hatte einfach sehr autoritäre Züge. Was ihm fehlte, waren Qualitäten der Menschenführung: Mitarbeiter in Bezug auf ihre Schwächen und Stärken zu verstehen und

Was Schule alles erreichen will

entsprechend einzusetzen. Er bekam den Job nicht. Soweit ich informiert bin, übt er bis heute eine eher untergeordnete Tätigkeit aus.

Ein anderer Mitarbeiter wies ebenfalls eine hervorragende Fachausbildung auf, seine Fachkenntnisse, sein logisches Denken waren vorbildlich. Aber er zeigte sich nicht teamfähig genug, war nicht kompromissbereit. Er konnte seine Ziele nicht umsetzen, weil er die Akzeptanz und damit die Zuarbeit des Teams nicht hatte.

Eine von vielen Komponenten des unsozialen Verhaltens ist leider das Schmeicheln. Und leider, leider ist keine(r) davor gefeit, auf Schmeicheleien hereinzufallen, auch Lehrer nicht.

Natürlich sind wir alle auf der Hut: »SchleimerInnen« erkennen wir sofort. Wir wissen doch, dass der Lehrer in allererster Linie der »natürliche Feind« des Schülers ist. Wir sind also misstrauisch, wenn ein Schüler uns allzu offensichtlich umschmeichelt. Aber wir schaffen es nicht. Zu gut tut es, in all dem Ärger und Frust auch mal etwas Nettes zu hören, zu angenehm ist das Gefühl, gemocht und anerkannt zu werden.

Ist es bei mir genauso?, frage ich mich manchmal. Bin auch ich anfällig?

Meist komme ich zu dem traurigen und schlichten Schluss: Ja! Habe ich mich nicht erst neulich ausgiebig mit Gabriela unterhalten, die nach der Schule noch um das Pult und um mich herumscharwenzelte? Habe ich es nicht richtig süß gefunden, als sie mir gestand, ich sei ihre Lieblingslehrerin? Habe ich ihr nicht heute erst ihr Reinschreien durchgehen lassen? Nicht bewusst, aber für die Mitschüler vermutlich unübersehbar.

Und habe ich nicht Ali, der mich beim Eintritt ins Klassenzimmer immer so besonders freundlich begrüßt, in der letzten Mathematikstunde seine schlampige Heftführung etwas großzügiger nachgesehen als seinem stets patzigen und maulenden Nachbarn?

Vielleicht sollte man diesen Abschnitt mit der traurigen Erkenntnis beschließen, dass Schule zwar von den Werten her das Falsche, von der Lebenstauglichkeit aber manchmal das Richtige fördert. Wer vornehm zurückhaltend ist, geht auch später leichter unter, und wer »schleimt«, kommt – in manchen Bereichen zumindest – auch später besser zum Ziel. Aber ist es das, was wir uns für unsere Kinder wünschen?

> **Ein hilfreicher Gedanke für Eltern:**
> Ich bemühe mich darum, der sozialen Kompetenz meines Kindes Wertschätzung entgegenzubringen, auch wenn dies schulisch nicht immer honoriert wird.

Außerschulisches Engagement

Dies ist wohl ein Sonderpunkt: dass man Außerschulisches in der Schule nicht lernt, liegt auf der Hand. Aber fördern, wertschätzen könnte Schule dieses Engagement immerhin. Denn wie froh müsste eine Gesellschaft doch über junge Menschen sein, die sich für irgendetwas einsetzen, die mehr tun, als sie müssen, die mit Herzblut an eine Sache rangehen und dranbleiben!

Was aber tut Schule? »Er sollte sich stärker seinen schulischen Aufgaben zuwenden«, pflegen wir Pädagogen gerne zu sagen, wenn wir erfahren, dass Schüler XY in seiner Freizeit alles Mögliche gerne tut, aber in der Schule schlecht ist.

Dies hat auch Sebastian immer wieder zu hören bekommen. Schon als kleines Kind fiel sein überaus gutes Gedächtnis auf. Er konnte sich spielend Buchstaben und Zahlen merken – und er kannte den Kalender eines ganzen Jahres auswendig. So wusste er auf Anhieb zu sagen, dass z.B. der 25. Juli des laufenden Jahres ein Montag war. Die ganze Grundschulzeit über war er ein sehr guter Schüler. Auch auf dem Gymnasium gab es zunächst keine Schwierigkeiten. Schnell wurde er Schülersprecher, auch das Schulradio baute er mit auf. Seit Jahren engagiert er sich bei den Pfadfindern und ist aktiver Ministrant. Wunderbar, möchte man sagen, klappt doch alles wirklich wunderbar. Ist aber nicht so. Denn schulisch lief es immer schlechter. Die 9. Klasse musste er wiederholen. Nun ist er in der 10. Klasse und sein Vorrücken ist wieder gefährdet. Er kann aber so kurz hintereinander nicht noch einmal wiederholen, muss dann also die Schule ohne Abschluss verlassen. Jedem Außenstehenden, der mit ihm redet, ist klar, es mit einem intelligenten, selbstbewussten, sprachlich äußerst gewandten Menschen zu tun zu haben. Jeder ist sich sicher, dass er seinen Weg gehen wird. Sein Selbstbewusstsein aber ist stark angeknackst. Und seine Eltern haben große Sorgen um seine Zukunft. Und das, obwohl er nach wie vor in den außerschulischen Bereichen brilliert. Muss das sein?

Egal, ob sich ein Schüler einem Hobby, einem besonderen Interessengebiet, einer politischen oder ehrenamtlichen Tätigkeit zu sehr widmet, wenn man auf die Schule hört, sollte er dies einschränken, denn »die Schule leidet darunter«. Auf keinen Fall ist es denkbar, dass man einem Schüler seine schlechten Leistungen in einem Schulfach nachsieht, weil er außerunterrichtlich engagiert ist. So ist es nun mal! Diese Erfahrungen hat man auch schon vor einigen Jahrzehnten gemacht:

Was Schule alles erreichen will

Michael C, 55, Gymnasiallehrer

Ich komme aus einer echten Arbeiterfamilie. Es war bei uns eigentlich nicht üblich, dass man auf die höhere Schule ging. In der Grundschule war ich aber so gut, dass meine Eltern dem Wechsel aufs Gymnasium zustimmten. Einige Jahre war ich dort Klassenbester, dann aber begann ich mich für andere Dinge zu interessieren: Literatur, Philosophie ... Ich engagierte mich auch politisch sehr intensiv. Gleichzeitig wurde ich schulisch immer schlechter. Mein außerschulisches Engagement hat mir rein gar keine Wertschätzung eingebracht, eher im Gegenteil.

> **Ein hilfreicher Gedanke für Eltern:**
> Ich freue mich darüber, dass mein Kind ein interessierter, engagierter Mensch ist, auch wenn dies schulisch nicht unbedingt belohnt wird.

Was man in der Schule lernt – aber im Leben nicht braucht

Die Schule fördert also Verhaltensweisen und Fähigkeiten nicht, die im Erwachsenenleben von Vorteil wären. Und wie ist es umgekehrt? Fördert sie, was man nicht braucht?

Wir lernen nicht nur im Unterricht oder bei den Schularbeiten, sondern schlichtweg immer und überall, weiß die Hirnforschung. Unser Gehirn kann gar nicht anders. Alle Erlebnisse, ob angenehm oder unangenehm, hilfreich oder nicht, machen sich in Form neuronaler Verknüpfungen bemerkbar, und jede dieser Verknüpfungen stellt eine Form des Lernens dar. Anders als man früher dachte, gibt es demnach auch »negatives« Lernen, das heißt Lernen von Verhaltensweisen, die uns nicht dienlich sind. Und auch das findet in Schulen statt.

Es mag verschiedene Verhaltensweisen geben, die Schule auf diese Art »negativ« lehrt. Allen voran aber sind es wohl die beiden folgenden.

Pauken, auswendig lernen, ausspucken und vergessen

Lassen wir wieder einmal Albert Einstein zu Wort kommen:

> Auf die Frage, wie hoch die Schallgeschwindigkeit sei: Weiß ich nicht. Ich beschwere mein Gedächtnis nicht mit Tatsachen, die ich in einem Konversationslexikon finden kann.
>
> *Albert Einstein, deutscher Physiker, 1879–1955*

Die Hirnforschung hat es längst bestätigt: Das kindliche Gehirn stellt einen regelrechten Überschuss an Nervenzell-Verschaltungen bereit, die auch möglichst vielseitig benutzt werden sollten. Und dabei ist besonders entscheidend: Nur Zellen, die regelmäßig aktiviert werden, können sich stabilisieren und bleiben erhalten. Stumpfes Auswendiglernen wirkt dem aber entgegen – es ist nicht die optimale Nahrung für das sich entwickelnde Kindergehirn. Dieses will vielmehr Probleme lösen und nicht Lehrplanstoff bis zum Umfallen auswendig lernen. Demnach brauchen Kinder Schulen, in denen es für sie Aufgaben gibt, an denen sie wachsen und neue Erfahrungen sammeln können. So stellte der Neurowissenschaftler Manfred Spitzer unlängst heraus, dass den höchsten Berg von Grönland zu benennen, das Geburtsjahr von Brahms zu kennen oder den Zitronensäure-Zyklus vorwärts und rückwärts runter zu beten, nur noch schrecklich sei. Denn das Hirn sei für das Lernen von Einzelheiten überhaupt nicht gebaut. Lehrpläne nähmen darauf zu wenig Rücksicht. Der Spaß bleibe fast immer auf der Strecke.

Was Schule alles erreichen will

Lernen ist also nicht nur Anhäufen von schulischem Wissen. Im Gegenteil: Das in der Schule Erlernte ist nur ein kleiner und fürs spätere Leben nicht immer hilfreicher Anteil davon. Denn welche Lebenshilfe leistet beispielsweise das in Biologie erlernte Wissen um sogenannte Zahnformeln, d. h. das Wissen darüber, über wie viele Mahl-, Eck- oder Schneidezähne diverse Tierarten verfügen oder das in Geografie erlernte Wissen über Bodenschätze in diversen Ländern oder das in Geschichte erlernte Wissen darüber, wann die Schlacht bei Issos geschlagen wurde oder das in Religion erlernte Wissen darüber, wann die Päpste in Avignon residierten?

Das sture Aneignen solchen Wissens ist nicht nur wenig hilfreich, sondern unsinnig. Dass dem so ist, weiß auch unser Gehirn. Unbarmherzig tilgt es alles Unbrauchbare aus der Erinnerung. Was wir einzig und allein damit schaffen, sind fügsame Auswendiglerner und keine Kinder, die mit Freude an das Lernen und Arbeiten herangehen.

Rosemarie B., 47, Tierärztin
Ich habe während meiner Schulzeit oft genug beliebige Fakten auf einen bestimmten Termin hin gelernt. Ich konnte mir das alles auch recht gut merken – und ich konnte es mindestens genauso gut wieder vergessen. Von vielen Dingen ist schlichtweg nichts in meinem Hirn haften geblieben, obwohl man mir durch gute Noten attestiert hat, wie gut ich die jeweilige Sache beherrsche. Als Mutter dann erlebte ich zweierlei.
Erstens: Mein Mann, der in einigen Fächern – dokumentiert durch Zeugnisnoten – angeblich schlechter war als ich, beherrschte sie nun auf einmal besser. Was man ganz einfach daran sah, dass er noch vieles behalten hatte.
Zweitens: Mich grauste es, wenn ich einen meiner Jungen wohlmeinend »abfragte«. Was mir selbst als Schülerin wohl noch nicht bewusst gewesen war, konnte ich nun nicht mehr verdrängen: All dieses Faktenwissen weitgehend zusammen-

Was Schule alles erreichen will

hanglos lernen und auf Kommando wiedergeben zu müssen, ist eine Plage und sinnlos obendrein. Hätte man mich als Erwachsene gezwungen, derart viele und vielerlei Dinge zu pauken, die mich nicht interessierten, ich hätte aus Verzweiflung geweint oder ich wäre in den Streik getreten.

Ja, so wenig Ansehen das »Bulimie-Lernen« – Wissen reinstopfen und wieder ausspucken – genießt, Schülern bleibt nichts anderes übrig, als sich damit zu arrangieren.

Und nicht nur das Faktenwissen an sich wird in der Schule belohnt, sondern oft genug das exakte Auswendiglernen von Hefteinträgen, Schulbuchtexten, Skripten. Wer in einem Test alles genau so aufs Papier schreibt, wie es zu lernen war, hat gute Chancen, die volle Punktzahl zu ergattern. Und wer tapfer versucht, den geforderten Inhalt mit eigenen Worten wiederzugeben, läuft Gefahr, über dem großen verstandenen (!) Zusammenhang ein paar Details zu vergessen, die bei der Bepunktung eine, wenn nicht *die,* Noten entscheidende Rolle spielen.

Nein, nein, mag man hier einwenden. Es geht uns immer auch ums gedankliche Durchdringen.

Schön wär's! Natürlich geht es der Schule nicht in erster Linie darum, dass Schüler auswendig herunterplappern, was zu lernen war. Natürlich will man die Schüler dazu erziehen, dass sie durch eigene Formulierungen zeigen: Der Inhalt wurde nicht nur sinnentleert gepaukt, sondern auch verstanden. In der Praxis sieht es dennoch oft anders aus. Immer wieder werden die braven und fleißigen Auswendiglerner belohnt.

Katrin L., 51, Grundschullehrerin

Ich kann nicht sagen, dass mein Sohn in der Schule faul war. Er bemühte sich wirklich, gut vorbereitet zu sein. Aber er hatte ein großes Problem: Er konnte Sachverhalte nicht auswendig wiedergeben. Entweder hat er kein entsprechend treues Gedächt-

Was Schule alles erreichen will

nis oder etwas in ihm wehrte sich schon damals vehement gegen das Auswendiglernen. Auf jeden Fall konnte er mir sehr wohl erzählen, worum es in Biologie, Geschichte oder Geografie ging, wie es sich mit den einzelnen Kunststilen verhielt, worin sich die Epochen unterschieden usw., aber er konnte es nicht in den Worten, die im Heft oder im Buch standen. Ich fand das sogar gut, denn so zeigte er mir ja deutlich, wenn er etwas verstanden hatte. In der Schule sah man das oft genug anders. Immer wieder kam er empört nach Hause und berichtete, dass die braven Auswendiglernerinnen – ja, es waren vor allem die Mädchen, die hier brillierten – viel mehr Punkte als er bekommen hatten. Das ärgerte ihn und demotivierte ihn über die Maßen. Ich kann wirklich sagen, dass ihm das im Laufe der Zeit viel Lernlust genommen hat.

> **Ein hilfreicher Gedanke für Eltern:**
> Ich habe großes Verständnis dafür, dass mein Kind sich von innen heraus gegen das reine Pauken von Fakten wehrt.

Fehler vermeiden

Irrtümer sind die Tore zu neuen Entdeckungen.
James Joyce, irischer Schriftsteller, 1882–1941

Die Menschen, die den richtigen Weg gehen wollen, müssen auch von Irrwegen wissen.
Aristoteles, griechischer Philosoph, 384–322 v. Chr.

Ein Fehler ist etwas Schreckliches. Der darf einfach nicht passieren.

Wenn man manche Leute reden hört, könnte man meinen, dies sei eine unumgängliche Wahrheit. Dabei sind Fehler das Normalste der Welt – sofern man es wagt, sie zu machen. Wer ängstlich auf Fehlervermeidung setzt, bringt sich um Möglichkeiten. Und das ist schade.

Wer eine Schulzeit lang fürs Fehlermachen eins auf die Mütze bekommen hat, wird Fehler nicht als Chance, sondern als Schmach ansehen. Das kostet ihn Lockerheit, Experimentier- sowie Risikofreudigkeit – und Vitalität. Alles Dinge, die man im Leben so gut brauchen kann!

Der Schulleiter und Autor Dr. Reinhard Stähling fordert, den Mut zum Fehlermachen zu kultivieren und eine Atmosphäre des Perfektionismus zu vermeiden. »Fehler gehören zu jedem Lernvorgang. Obwohl der Fehler unausweichlich ist und sogar als Voraussetzung für Lernprozesse gilt, wird er in unserem Schulwesen eher als Selektionsinstrument missbraucht. Die Fehlerzahl gilt als Auswahlkriterium, als scheinbar verlässliches, messbares Kriterium der Selektion. Ein lustvoller Umgang mit Fehlern ist eine Bedingung für hohe Schulqualität.«

Vom lustvollen Umgang mit Fehlern ist aber an unseren Schulen eher wenig zu spüren.

> **Ein hilfreicher Gedanke für Eltern:**
> Ich versuche, die Fehler meines Kindes nicht als etwas Schreckliches zu bewerten, sondern als immer wieder neue Chance dazuzulernen.

Also ...

Schüler lernen in der Schule nicht nur Sinnvolles, sie lernen auch vieles Sinnvolle nicht. Sie werden von der Schule nicht nur positiv beeinflusst und geprägt. Schule mag mittels ambitionierter Bildungsziele und Lehrpläne und dank engagierter Lehrer nach Kräften versuchen, jungen Menschen zu einer positiven Entwicklung zu verhelfen. Dennoch stehen die praktischen Erfahrungen oft in starkem Kontrast dazu. Eine Mutter, die das Abenteuer »Schule« mit ihren drei Kindern hinter sich gebracht hat, gestand mir seufzend: »Für die Persönlichkeitsentwicklung meiner Kinder war die Schule eine Zumutung. Das kann ich heute sagen. Aus der Distanz heraus. Damals, als wir alle noch drinsteckten, sah ich nur immer den Misserfolg, das Versagen. Das Versagen meiner Kinder und mein eigenes. Heute haben sie es alle drei zu etwas gebracht. Anwalt, Angestellter und Studentin, was will man mehr. Aber der Weg dorthin war so steinig, meine Kinder sind durch die Schule so oft in ihrem Selbstbewusstsein erschüttert worden, sie waren manchmal nahe daran, den Glauben an sich selbst zu verlieren. Das hätte es nicht gebraucht, da bin ich mir heute sicher.«

Ehe Sie also an der schulischen Misere Ihres Kindes verzagen, ehe Sie wieder einmal bedauern, dass Ihr Kind im Moment nicht auf der Überholspur unterwegs ist, sondern zahlreiche Umwege nimmt oder gar auf der Standspur vor sich hindümpelt, gestatten Sie sich einen Blick auf das nächste Kapitel. Es fasst noch einmal zusammen, welche Vorteile im scheinbar Schlechten und welche Nachteile im scheinbar Guten stecken.

Welche Nachteile man als guter Schüler

und welche Vorteile man als schlechter Schüler haben kann

Wer gerade mit seinem Kind mittendrin steckt in der schulischen Misere, wird vermutlich nicht allzu viel Positives darin erkennen können.

Wer selbst mit seinem Kind einen einzigen schulischen Höhenflug erlebt, wird keine Notwendigkeit darin sehen, sich die Sache schlecht zu reden.

Aus der Distanz betrachtet mag das anders aussehen.

Außenseitertum gegen Gruppenzugehörigkeitsgefühl

Viele ehemals schlechte Schüler erinnern sich mit verschmitztem Lächeln an das Angenehme ihrer Situation. Und ehemalige »Streber« bedauern so manches – wenn sie ehrlich sind. Zunächst einmal ein kleiner Exkurs. Was hat es mit dem Begriff »Streber« auf sich?

> **Der Begriff »Streber«**
>
> In Deutschland ist es üblich, dass nicht so gute Schüler die Minderheit der guten Schüler abwertend als Streber bezeichnen. Gute Leistungen tragen hier also nicht zum Ansehen unter Mitschülern bei und können Freundschaftsbeziehungen stören.
>
> Folge: Viele, die schon als Streber tituliert worden sind, verspüren regelrecht Angst davor, von anderen Schülern so genannt zu werden, so als ob das Streben nach guten Leistungen nur mit Charakterverformungen zu erreichen wäre.
>
> Wie kommt das?
>
> In etymologischen Wörterbüchern kann man lesen, dass der Begriff ›Streber‹ ab dem 18. Jahrhundert den karrieresüchtigen

Beamten bezeichnete. Von dort fand er Eingang zunächst in die Studenten-, dann in die Schülersprache. So wie man im preußischen Beamtenstaat nicht herauszuragen hatte und das tun sollte, was von einem verlangt wurde, so könnte man sagen, dass das Mitläufertum die unter deutschen Schülern erwünschte Geisteshaltung ist. Im Gegensatz dazu stand in Nordamerika der Pionier, der sich gegen widrige Umweltbedingungen durchsetzte, seit der europäischen Besiedelung des nordamerikanischen Kontinents hoch im Kurs. Menschen, die in irgendeiner Weise aus ihrer Umgebung herausragten, hatten einen wesentlichen Einfluss auf die Formierung nordamerikanischer Gesellschaften.

Interessant dabei: In einer in Deutschland und Kanada durchgeführten Studie wurden 641 deutsche 14-jährige und 605 ebenso alte kanadische Schüler befragt.

Eines der Ergebnisse: Zwei Drittel der deutschen Einser-Schüler haben gelegentlich Angst vor dem Strebervorwurf. In Kanada hat die Mehrheit der besten Schüler nie Angst davor, als »nerd« oder »teacher's pet« (Lehrers Liebling) tituliert zu werden. Nur in Deutschland werden besonders viele, hoch leistungsfähige Schüler als Kofferträger, als servil unterwürfige »schleimige« Charaktere identifiziert.

Genauer betrachtet, stellt sich heraus, dass in Kanada viele Schüler im Laufe ihres Schülerlebens immer wieder mal eine sehr gute Leistung attestiert bekommen. In Deutschland dagegen gehen Hunderttausende von Schülern durch die Schule, ohne jemals ein »Sehr gut« zu erhalten. Wenn es aber nur wenige sehr gute Schüler gibt, ist es natürlich leichter, diese als Streber abzuqualifizieren. Wer selbst auch immer wieder einmal eine sehr gute Leistung attestiert bekommt, wird vermutlich nicht so leicht einen anderen wegen hervorragender Leistungen sozial ausgrenzen.

Nachteile guter und Vorteile schlechter Schüler

> Der Schluss liegt nahe, dass Noten in Zukunft wohl stärker als Belohnungs- denn als Disziplinierungs- und Bestrafungsinstrument benutzt werden sollten. Je häufiger Schüler gute Noten bekommen, desto mehr können sie empfinden, dass Leistung Spaß macht. Gleichzeitig wird diese Erfahrung es ihnen schwerer machen, andere, die ebenfalls sehr gute Leistungen erbringen, (weiterhin) als Streber zu diffamieren. Wünschenswert ist also, nicht mehr sogenannte Streber in der Schule sitzen zu haben, sondern mehr Schüler, die Spaß an guter Leistung haben.

Ein hehres Ziel! Doch bis es so weit ist, dass viele Schüler bei uns Spaß an guter Leistung haben, ist die Rolle des Musterschülers kein Honigschlecken. Nicht selten leiden sie unter dem Außenseitertum und haben Probleme mit der Sozialkompetenz.

Ein extremes prominentes Beispiel für mangelnde Lebenstüchtigkeit bei schulischer Top-Leistung ist der englische Philosoph und Volkswirt John Stuart Mill. Sein Vater verpasste ihm die besten Privatlehrer. Noch nicht zehn Jahre alt, hatte Mill bereits den ganzen Shakespeare gelesen und konnte fließend in toten wie in lebenden Sprachen parlieren. In psychischer Hinsicht aber war er zeitlebens ein kranker Mann.

Und ein weiteres, nicht-prominentes Beispiel:
Seit der ersten Klasse war Moritz sehr gut in der Schule. Auch auf dem Gymnasium gab es keinen Einbruch. Bis zum Abitur blieb er gleichbleibend überragend in allen Fächern. Mit Gleichaltrigen aber kam er schlecht zurecht. In der eigenen Klasse war er ausgegrenzt und un-

beliebt, ein Einzelgänger eben, dem der Geruch des Strebers anhaftete. Darunter litt er.

Natürlich sind auch gute Schüler nicht zwangsläufig isolierte Einzelgänger. Aber wer sich schulisch so richtig reinhängt, läuft eben Gefahr, sich von seinen Klassenkameraden zu distanzieren. Gehört der noch zu uns? Ist der auf der anderen Seite? Das sind so die Fragen, mit denen sich ein »Streber« ständig konfrontiert sieht. Umgekehrt haben Schüler, die sich schulisch eher wenig engagieren, Zeit, ihre Freundschaften zu pflegen – und werden nicht misstrauisch beäugt.

Tobias, 11, Realschüler
Ich könnte viel besser in der Schule sein, aber wenn ich lauter Einsen hätte, wäre ich ein Streber, hätte keine Freunde und mein gesamtes Leben wäre ruiniert.

Einen eindrucksvollen Bericht über das Leben eines Musterschülers liefert der spätere Literatur-Nobelpreisträger Paul Heyse (1830–1914) in seinen Jugenderinnerungen: »... konnte es nicht fehlen, dass ich für einen Musterschüler galt und meinen Kameraden, die eine schlechte Zensur ohne sonderliche Gewissensbisse hinnahmen, als Vorbild hingestellt wurde. Das hätten sie mir wohl nun verziehen, wenn ich mich im übrigen kameradschaftlich betragen und auch in den Raufereien auf dem Schulhof und bei den Possen, die gewissen wehrlosen Lehrern gespielt wurden danach getrachtet hätte, ›immer der Erste zu sein und vorzustreben den Andern‹. Das aber konnte mir nicht in den Sinn kommen, da für mich ein Lehrer eine geheiligte Person und das Balgen in den Zwischenstunden und auf der Schule verboten war.

Ich selbst, durch meine Überlegenheit als kleiner Tugendbold verblendet, achtete nicht auf die sich mehrenden

Zeichen der Abneigung, die ich hervorrief. Ich hielt es sogar für Unrecht, schwächeren Kameraden bei ihren Aufgaben zu helfen, oder gar eine Arbeit von ihnen abschreiben zu lassen, da die Lehrer dadurch betrogen worden wären ...«

Auch wenn es nicht so weit gehen muss, dass ein Musterschüler sich selbst ins Abseits katapultiert, so ist es doch unbestritten: Wer intensiv für die Schule arbeitet, hat wenig Zeit für Freundschaften. Und gerade diese Freundschaften sind vielen Menschen – besonders in jungen Jahren – sehr, sehr wichtig. Nicht selten halten sie ein ganzes Leben lang.

Gerd R., 60

Ich bin 1948 geboren. Meine Mutter starb, als ich 13 war, mein Vater sah zu, dass er den Laden durch Geldverdienen am Laufen hielt, und mein Bruder, neun Jahre älter als ich, war schon außer Haus.

Ich selbst besuchte das Gymnasium und nutzte es, nach der Schule unbeaufsichtigt zu sein. Sprich: Ich arbeitete kaum für die Schule, traf mich lieber mit Freunden oder tobte mich im Sportverein aus. Meine Noten waren schlecht, mein Vater ertrug dies mit Gelassenheit. Wenn mein Bruder allerdings nach Hause kam, nahm er mich gründlich zur Brust. Immer wieder gelang es mir, die Noten so zu verbessern, dass es zum Vorrücken reichte.

Im Laufe der neunten Klasse allerdings verschlechterten sich meine Leistungen so sehr, dass ich die Klasse wiederholen musste. Ich gebe ehrlich zu, ich war damals ein Lausbub, der nichts ausgelassen hat. Und so ging die Sache auch nicht viel besser weiter, am Ende bestand ich die neunte Klasse zum zweiten Male nicht. Mein Vater reagierte gelassen und fragte lediglich: »Was machen wir jetzt?« Ich antwortete ihm ganz kühn: »Ich mache ein Lehre.« Nun hatte ich zwar kein Abschlusszeugnis, aber ein gesundes Selbstvertrauen. Ich erinnerte mich an einen Freund der Familie, der meinen großen Bruder gerne in seinen Betrieb geholt hätte, und bewarb mich bei ihm. Er nahm mich und gab mir die Chance zu einer kaufmännischen Lehre. Im Geschäft selbst machte ich mich ausgesprochen gut, zeigte Einsatz und wurde sehr gelobt. In der Berufsschule aber wiederholte sich das Drama des Versagens in den Fächern, die ich nicht leiden konnte: Steno und Maschinenschreiben. Je schwieriger und umfangreicher der Lernstoff auch in anderen Fächern wurde, umso mehr versuchte ich mich zu drücken. Durch einen Lern-Gewaltakt schaffte ich schließlich die Prüfung – wenn auch nicht gut. Da ich im Beruf selbst gleichbleibend erfolgreich war, nahm man dort meine Noten nicht so wichtig.

In der Firma arbeitete ich gerne und gut. Irgendwann wurde ich Prokurist und war sowohl kaufmännischer als auch Personalleiter eines mittelständischen Unternehmens mit mittlerweile etwa 1000 Beschäftigten.

Bis heute – ich bin mittlerweile im Ruhestand – bereue ich meinen Lebensweg nicht. Mir haben meine Freunde, mein Sport und meine Lausbubenstreiche mehr bedeutet als Fleiß und Bravsein. Ich bin sicher, dass ich so glücklicher geworden bin, als wenn man damals zu meiner Schulzeit versucht hätte, mich mit einem Riesendruck zu einem guten Schüler zu machen.

Wenn ich andere Leute frage, wie viele Freunde sie haben, die nichts mit dem Beruf zu tun haben, sind das oft sehr wenige. Bei mir sind es wirklich noch viele aus alten Zeiten. Und das ist mir wichtig und gibt mir Rückhalt.

Wer den Streber-Ruf weg hat, muss damit rechnen, dass die anderen über ihn reden oder nicht mal mehr das. Dass sie ihn im Innern verachten, aber dennoch als Wissensquelle nutzen. Dass sie sich bei ihm einschleimen, einzig und allein um in den Genuss seines Wissens zu kommen. Der Nicht-Streber dagegen, der mit den schlechten

Nachteile guter und Vorteile schlechter Schüler

Schulleistungen, weiß eines sicher: Wer mit ihm befreundet ist, ist es nicht wegen seiner Genialität. Er weiß, dass *er* gemeint ist, nicht sein Wissen. Er muss keine Strebervorurteile aus dem Weg räumen, denn er ist keiner. Er verfügt über eine »Fan-Gemeinde«, von der der Streber nur träumen kann. Denn viele mittelmäßige und schlechte Schüler fühlen sich solidarisch in der Gruppe der Nicht-Streber. Streber selbst aber sind eher Einzelkämpfer. Sie wollen gut sein, und sie wollen besser sein als andere.

Meist hat der Nicht-Streber noch einen weiteren Vorteil: Er ist interessant für das andere Geschlecht. Viel interessanter als der langweilige Streber. Nicht brennend ehrgeizig zu sein, heißt, locker und lässig zu sein, es heißt, auf der richtigen Seite zu stehen – und es heißt, mehr Zeit für Liebesdinge zu haben. Nicht-Streber umgibt die Aura des Rebellen, Streber die des Angepassten, des Menschen, der im Pakt mit der »falschen Seite« steht.

Auch wenn dies alles sehr vereinfacht klingen mag – ich weiß, wovon ich rede. Die ersten Jahre meiner Gymnasialzeit verbrachte ich als das, was man gemeinhin Streberin nennt. Ich war ehrgeizig, weinte wegen schlechter Noten (obwohl so gut wie keine kamen) und lernte jeden Nachmittag brav auf alle Fächer ohne jeglichen Mut zur Lücke. Ich fand es zwar nicht schön, wenn andere schlecht waren, aber selbst gut bis sehr gut zu sein, war mir wichtig. All diese Jahre verbrachte ich scheinbar auf der Sonnenseite des Lebens: Ich hatte liebe, verständnisvolle Eltern, null Probleme in der Schule und auch ein paar gute Freundinnen. Neben mir sah ich reihenweise Mitschülerinnen und Mitschüler scheitern, sah, wie sie durchfielen und/oder gar die Schule verlassen mussten. Wenn ich mit Freundinnen lernte, merkte ich manchmal eine leichte Gereiztheit. Sie mochten mich, das war klar, aber sie beäugten meine Erfolge misstrauisch bis neidisch. Je älter ich wurde, umso unerträglicher war mir das Gefühl, eine angepasste Streberin zu sein. Manchmal bemühte ich mich regelrecht, nicht so gut zu sein, wie ich es sein konnte. Einem Lehrer, der mir in der Oberstufe zu verstehen gab, bei mir sei anstelle der Zwei auch eine Eins drin, antwortete ich cool, ich sei sehr zufrieden mit meiner Note. Ich bin sicher, vieles in meinen jungen Jahren habe ich getan, um das Streber-Gefühl loszuwerden.

> **Ein hilfreicher Gedanke für Eltern:**
> Ich versuche, mich mindestens genauso über gute Freunde wie über gute Noten meines Kindes zu freuen.

Erfolgs- und Leistungsdenken gegen Bescheidenheit im Anspruch

Schule findet nun einmal in jungen Jahren statt. Und was ein Mensch in jungen Jahren erlebt, das lässt ihn so leicht nicht wieder los.

Wer eine Schulzeit lang Erfolge eingefahren hat, ist an Erfolge gewöhnt. Er erwartet sie. Er hat im Innersten das Gefühl, er habe Erfolge regelrecht verdient.

Er denkt: Wer sich anstrengt, wird belohnt. Wer nicht, ist selber schuld. Er kennt sich selbst nur als einen Menschen, der Leistung bringt. Er hat nur dieses Bild von sich. Er hat es nicht gelernt, sich selbst auch unter anderen Gesichtspunkten zu bewerten. Aufmerksamer Zuhörer? Netter Kumpel? Guter Unterhalter? Alles recht und schön, aber was wirklich zählt, ist Leistung. Treten dann während des Studiums, im Beruf oder im Privatleben erstmals Pro-

Nachteile guter und Vorteile schlechter Schüler

bleme auf, ist dies eine völlig neue Situation. Treten gar Leistungsprobleme auf, kann dies zu bedrohlichen Selbstzweifeln führen.

Wer an Leistung gewöhnt ist, ist auch nie wirklich völlig locker. Denn er erwartet weiterhin Leistung. Er kennt es nicht, wie das ist, wenn einem schlichtweg egal ist, ob man in einer Prüfung gut oder schlecht abgeschnitten hat. Wenn einem anderes wichtiger ist. Er ist irgendwie immer unter Druck.

Dies alles hat der Schulversager nicht zu befürchten. Er weiß, wie sich Misserfolg anfühlt. Er weiß, dass der Lohn für Anstrengung nicht immer der Erfolg ist. Oft genug hat er erlebt, wie Hoffnung enttäuscht wurde. Er freut sich schon über kleine Erfolge. Er erwartet nicht zu viel von sich. Und auch nicht von seinen Mitmenschen. Wer das Gefühl des Minderleistens oder Versagens am eigenen Leib erlebt hat, ist nachsichtiger. Ihm fehlt die Arroganz dessen, der selbst immer an der Spitze stand. Und er weiß, dass man Menschen nicht nur über Leistung definieren darf.

Dass ein Mensch, der selbst schulisch nicht an der Spitze stand, als Vorgesetzter Führungsverantwortung übernehmen kann, ja, dass er dies vielleicht sogar besser kann als so mancher »Streber«, zeigt das folgende Beispiel.

Gerhard P., 49, Manager

So ab der 10. Klasse hatte ich immer weniger Lust auf Schule. Ich hatte ein Hobby, das mich stark fesselte und eine Clique, mit der ich viel unternahm. Natürlich kamen auch Mädchengeschichten dazu. Insgesamt fand ich vieles langweilig in der Schule, ich hatte keine Lust, Dinge zu lernen, die mich nicht interessierten. Die 11. Klasse musste ich wiederholen. Ich wechselte die Schule und bestand schließlich mein Abitur mit einem durchschnittlichen Ergebnis.

Eine Weile studierte ich für das Lehramt an Gymnasien. Doch dann wurden die Berufsaussichten immer schlechter. In dieser Zeit las ich die Anzeige eines großen Konzerns: Man warb für ein Trainee-Programm. Den Eingangstest bestand ich hervorragend und so ließ ich mich an der Universität zunächst beurlauben. Diese Ausbildung und schließlich die Berufsausübung machten mir wesentlich mehr Spaß als alles Bisherige. Ich spürte mehr Sinnhaftigkeit und bekam mehr Anerkennung. Von meinem damaligen Vorgesetzten wurde ich stark ge- und bald auch befördert. Schließlich packte mich der Ehrgeiz und ich begann ein nebenberufliches Studium. Einige Jahre lang war ich so fleißig wie noch nie. Die Fahrt zu meinem Arbeitsplatz kostete mich täglich eineinhalb Stunden einfach. Nach einem harten Arbeitstag und einer langen Fahrt in S-Bahn, Zug und Straßenbahn studierte ich. Im Prüfungsjahr nahm ich den gesamten Jahresurlaub fürs Lernen her und bestand alle Prüfungen gut.

Mehrmalige Firmenwechsel, auch zu internationalen Firmen, brachten mich schnell nach oben. Ich sammelte internationale und interkulturelle Erfahrungen und konnte ein erfolgreiches Beziehungsnetzwerk knüpfen. Als General Manager eines Produktbereiches einer großen europäischen Firma habe ich 150 Leute unter mir. Es macht mir große Freude, meine Mitarbeiter zu motivieren und zu fördern.

Ein hilfreicher Gedanke für Eltern:
Bescheidenheit im Anspruch sich selbst und anderen gegenüber fördert die persönliche Zufriedenheit und vielleicht auch den Erfolg im Leben mehr als ausgeprägtes Erfolgs- und Leistungsdenken.

Nachteile guter und Vorteile schlechter Schüler

Verdrängte gegen gelebte Pubertät

Nicht nur einmal habe ich in den letzten Jahren aus dem Munde von Musterschüler-Müttern den Stoßseufzer gehört: »Freu dich, wenn deine Kinder so richtig pubertieren! Mein Kind war in dieser Zeit immer brav, und heute denke ich, hätte er/sie doch ...«

Was steckt hinter diesem Stoßseufzer?

Es scheint doch so zu sein, dass es dem Menschen an sich guttut, in der Phase zwischen Kind- und Erwachsensein gewisse Dinge auszuleben. Es ist ja auch eine Menge, was Menschen in dieser Phase durchlaufen müssen: ein Auf und Ab der Hormone, geschlechtliches Reifwerden, Abnabelungsprozess von den Eltern, sich selbst finden, Annäherung ans andere Geschlecht ...

Eltern (und Lehrer) leiden oft sehr unter dem schwierigen Gebaren der Pubertierenden und freuen sich, wenn es bei einzelnen Jugendlichen ausbleibt. »Wir haben überhaupt keine Schwierigkeiten mit unserem Kind« oder »Dieser Schüler unterscheidet sich auf so wohltuende Art und Weise von seinen gleichaltrigen Klassenkameraden« klingt ja auch viel besser als »Mein Sohn hat von einem Tag auf den anderen aufgehört, für die Schule zu arbeiten« oder »Die ist völlig durch den Wind, rennt nur noch hinter den Jungen her. Ich erreiche sie im Moment nicht.«

Wie sich irgendwann herausstellt, stecken hinter dem scheinbar problemlosen Verhalten aber oft Verdrängungen im Sinne von: »Meine Mutter hatte es damals ohnehin schon so schwer. Ich habe einfach nicht gewagt, ihr auch noch Probleme zu machen.«

Irgendwann bricht sich das Verdrängte dann doch noch Bahn:

Nachteile guter und Vorteile schlechter Schüler

- Ein 18-Jähriger, der seiner alleinerziehenden Mutter bisher nie Kummer gemacht hat, fängt nach der bestandenen Führerscheinprüfung plötzlich an, wie ein Verrückter Auto zu fahren.
- Ein bisheriger Musterschüler stellt wie aus heiterem Himmel kurz vor dem Schulabschluss schulisches Lernen ein.
- Ein erwachsener Mann und Familienvater bricht auf kindische Art und Weise aus seiner Ehe aus.

Wenn es auch nicht so hart kommen muss, so ist doch auffällig, wie viele »brave« Schüler irgendwann vom Gefühl gepackt werden, etwas verpasst zu haben.

Und dieses Problem haben die nicht, die in aller Ruhe pubertiert und vielleicht sogar die Leistung verweigert haben.

Ein hilfreicher Gedanke für Eltern:
Eine nicht unterdrückte Pubertät ist für eine gesunde Entwicklung wichtig.

Verlorene gegen erhaltene Lernfreude

Alles Lernen ist nicht einen Heller wert, wenn Mut und Freude dabei verloren gehen.

Johann Heinrich Pestalozzi, Schweizer Pädagoge, 1746–1827

Geht die Freude am Lernen bei Musterschülern wirklich verloren? Sicher nicht bei allen. Aber viele geben offen zu, nach all den Jahren des Paukens und Büffelns nun erst mal gar nichts mehr lernen zu wollen – oder zumindest nur noch das Nötigste. Satt zu sein, übersatt.

Nachteile guter und Vorteile schlechter Schüler

Genau das sind die nicht, die in der Schule schlecht waren.

Schon viele meiner ehemaligen SchülerInnen – und gerade auch die, die damals durch nichts auf der Welt zum Lernen zu bewegen waren – haben Jahre später zugegeben: »Wenn Sie wüssten, wie fleißig ich jetzt bin. Irgendwann hab ich eingesehen, dass ich mehr wissen muss, und jetzt lerne ich so viel. Und das auch noch neben der Arbeit!«

Eine Bekannte hat mir erzählt, sie sei stets eine gute Schülerin gewesen, habe auch ein höchst erfreuliches Abitur gemacht, aber sie habe die ganze Schulzeit über einen enormen Druck verspürt. Dieser Druck sei schrecklich für sie gewesen, habe ihr Lernfreude und sogar Selbstvertrauen genommen.

> **Ein hilfreicher Gedanke für Eltern:**
> Es wäre sehr, sehr schade, wenn mein Kind vor lauter schulischem Lernen die Freude am Lernen überhaupt verlieren würde.

Nervosität gegen Gelassenheit

Erfolgreiche Schüler können nie ganz ruhig sein. Sie erwarten von sich selbst ja, dass sie gut abschneiden – in welchem Bereich auch immer. Sie bibbern und hoffen und bangen. Es ist ihnen schrecklich wichtig, dass sie wieder bei den Besten sind.

Die schlechten Schüler aber üben beizeiten, die Ruhe zu bewahren. Sie bekommen so oft eine auf den Deckel, dass sie durch Misserfolge nicht mehr aus der Ruhe zu bringen sind. Sie trainieren Gelassenheit. Sie nehmen das alles nicht mehr so wichtig.

Und das können sie im Leben doch wirklich gut gebrauchen.

> **Ein hilfreicher Gedanke für Eltern:**
> Ich bin dankbar und froh, dass mein Kind kein »leistungsabhängiges Nervenbündel« ist.

Noch ein paar Vorteile

Was man als Schüler noch so davon hat, wenn man in der Schule nicht konsequent sein Bestes gibt, klang in früheren Kapiteln dieses Buches bereits an. Genauer ausführen möchte ich es deshalb nicht noch einmal, wohl aber erneut ins Bewusstsein rufen:

Da sind einmal die *gelebten außerschulischen Interessen*. Wer sein ganzes Schulleben lang als oberste Sorge gute Noten hat, kann sich kaum Zeit dafür nehmen, andere als schulische Interessen zu verfolgen – es sei denn, er ist ein Genie. Selbst der spätere Raketenkonstrukteur Wernher von Braun blieb in der Schule sitzen, weil ihm seine technischen Interessen wichtiger waren.

Zum anderen ist es die *Absage an Fremdsteuerung*. Schlechte Schüler wehren sich dagegen. Junge Menschen aber, die schulische Pflichten stets erfüllen, tun dies in den seltensten Fällen, weil sie darin aufgehen. Sie gewöhnen sich also schon früh daran, auf Fremdsteuerung zu reagieren, sie zu akzeptieren und gut zu funktionieren. Dabei sollten Menschen doch lernen, sich selbst zu steuern, auf sich selbst zu hören, selbst entscheiden zu können, was gut und wichtig ist.

Und schließlich ist es die frühzeitige *Gewöhnung an kritische Selbstreflexion*. Wer aus der Schule als »Sieger«

hervorgeht, wer sich viele junge (!) Jahre über als erfolgreich und »richtig« erlebt hat, hatte bisher noch keinen Grund, an sich selbst zu zweifeln. Er hat nicht erlebt, wie es ist, sich selbst beim Scheitern zuzusehen. Er hat nicht erlebt, wie das eigene Selbstbewusstsein in den Keller geht. Krisen jedoch lassen den Menschen reifen. Dass sie ihn dazu bringen, das Leben, das hinter ihm liegt und jenes, das vor ihm liegen kann, kritisch zu reflektieren. Wer die Krise nicht kennt, empfindet keine Notwendigkeit, über sich und sein Leben nachzudenken. Alles ist gut, so wie es ist. Alles ist gut, das kann aber auch heißen: Alles an mir ist gut. Was ein enormes Maß an Selbstzufriedenheit nahelegt. Und es kann heißen: Alles geht weiter wie bisher. Alles ist vorgezeichnet. Was Denk- und Lebensmöglichkeiten raubt.

Wie Eltern mit Schulschwierigkeiten umgehen können

Natürlich hilft es nichts, die schwache schulische Leistung eines Kindes zu glorifizieren. In unserer Gesellschaft ist nun mal der Nachweis einer formalen Ausbildung wichtig. Immer wieder, sei es in der Ausbildung oder im Beruf, kommt es auf Zeugnisse an. Wer kein Abiturzeugnis hat, darf nicht an die Universität. Wer das höherwertige Zeugnis hat, hat die besseren Chancen auf einen Ausbildungsplatz. Der Hinweis, dass ein Bewerber andere, während der formalen Ausbildung nicht gefragte Fähigkeiten habe, hilft da wenig.

Wie es schieflaufen kann

Durch unzählige Erfahrungsberichte hat es sich klar erhärtet: Der Großteil aller geknickten Schulkarrieren – egal, worin die Ursachen des Knicks bestehen – läuft nach einem bestimmten Muster ab:

1. Das Kind lässt in seinen schulischen Leistungen nach.
2. Die Eltern sind beunruhigt und ermahnen.
3. Das Kind lässt weiter nach.
4. Die Eltern beginnen, Druck zu machen.
5. Das Kind wird noch schlechter.
6. Die Eltern verstärken den Druck.
7. Das Kind leidet unter dem Schlechte-Noten-Stress und dem Eltern-Stress.
8. Das Kind versucht dem Stress auszuweichen, indem es
   - schlechte Noten verheimlicht,
   - lügt,
   - womöglich schwänzt,
   - das Schwänzen verheimlicht.
9. Spätestens jetzt wird die Schule aktiv.
10. Die Eltern sind geschockt und ratlos.

Spätestens am letzten Punkt entscheidet sich Wesentliches:

Schaffen es die Eltern, ...

- ihrem Kind nah zu bleiben?
- ihrem Kind das Gefühl zu vermitteln, dass sie trotz aller Fehlverhaltensweisen zu ihm stehen?
- ihr Kind wieder zu stärken?

Oder wird das Eltern-Kind-Verhältnis durch die schulischen Probleme ernsthaft beschädigt?

Viele Eltern neigen dazu, ihrer Wut über schlechte schulische Leistungen oder gar das Sitzenbleiben Luft zu machen, indem sie schreien, schlagen oder dem Kind ihre Liebe entziehen. Der Kölner Psychologe Klaus Kuhlmann gibt den Eltern einen schlichten Rat: zu überlegen, welche Reaktion sie sich von ihrem Chef wünschen, wenn sie im Büro etwas falsch gemacht haben. »Es ist in Ordnung zu sagen: ›Du hast Mist gebaut.‹ Aber dann soll man es auch gut sein lassen und sein Kind in den Arm nehmen und trösten, es wieder aufbauen«, meint Kuhlmann.

Auch Ekkhart Krebs vom Kinderschutzbund sagt, dass die »traditionelle«, die wütende Reaktion mehr schadet als nützt. »Es ist besser, sich den Wutausbruch zu verkneifen und sich erst einmal abzulenken«, rät er. Hinter der negativen elterlichen Reaktion stehe die Panik, die Kinder könnten in der Schule scheitern und in unserer Leistungsgesellschaft verloren gehen, meint Krebs. Aber Druck ziehe immer Verweigerung nach sich. Die Eltern erreichten damit nicht, dass die Noten besser würden, sondern das Gegenteil. Auch das Vertrauen in die Eltern könne schwinden.

Macht man Kindern Angst, dann arbeitet ihr Gehirn nur noch im Notfallprogramm. Erfolg versprechender dagegen ist es, dem Kind Aufgaben zu stellen, an denen es wachsen kann.

> **Ein hilfreicher Gedanke für Eltern:**
> Ich bemühe mich jeden Tag aufs Neue, nicht in das klassische »Druck- und Angst«-Elternmuster zu verfallen.

Wie Eltern es prinzipiell richtig machen können

Natürlich ist die naheliegende Lösung, Ursachenforschung zu betreiben und den Hebel entsprechend anzusetzen (siehe auch »Schulschwierigkeiten und ihre Ursachen«, S. 35 ff.).

Doch selbst wenn im Moment nichts zu machen ist, ja wenn die Schulmüdigkeit schon ziemlich weit fortgeschritten ist, gibt es ein paar Grundregeln, die helfen können:

- Als Erwachsener präsent bleiben und die Tür offen halten!
- Für das Kind körperlich, emotional und moralisch „zur Verfügung" stehen! Dabei aber auf Dauerpredigten und leere Drohungen verzichten!
- Die ganz persönliche Sinnsuche, das Herausfinden von Zielen und Zukunftsbildern unterstützen! Zuversicht ausstrahlen, anstatt Schreckensszenarien zu entwerfen!
- Realistisch einschätzen, was von diesem Kind in dieser Situation erreicht werden kann – ohne pauschale Leistungs- und Anstrengungsappelle!
- Den Schüler Akteur der eigenen Entwicklung bleiben oder werden lassen! Dabei niemals dem Kind das abnehmen, was es selbst tun könnte!

Und selbst wenn sich trotz bester elterlicher Bemühungen noch immer kein Erfolg einstellen will:

- Nicht ständig auf Schwächen schauen, sondern die Stärken sehen, denn zum Lernen ist Selbstvertrauen nötig!
- Lieber weniger Lernstoff abfragen und dafür mit dem Kind über Lebensinhalte diskutieren und Interessen anregen!

Dazu ein letztes Mal der Hirnforscher Professor Hüther: »Wir lernen einfach am besten, indem wir uns berühren lassen. (...) Die emotionalen Zentren müssen mit angehen, damit im Hirn wirklich etwas passiert.«

Denkanstöße für schulstressgeplagte Eltern

- Wenn Sie panisch reagieren, könnte sich die Panik auf Ihr Kind übertragen.
- Wie oft Sie Ihr Kind auch schimpfen, seine Noten werden davon nicht besser.
- Wenn Sie Ihr Kind entmutigen, tragen Sie mit dazu bei, dass es außer den guten Noten auch das Selbstbewusstsein verliert.

Vergessen Sie bitte nie:
Jedes Kind hat, genau wie jeder Erwachsener, eine besondere Freude daran, wenn es etwas kann und weiß. Jedes Kind will das Gefühl haben, dass seine Talente und Fähigkeiten gefragt sind. Jedes Kind kann etwas! Leider stecken wir Kinder aber allzu oft in Raster und wundern uns dann darüber, dass sie dort nicht hineinpassen. Wer kein schulischer Durchstarter ist, hat dafür vielleicht ein gutes Händchen an der Werkbank, ist ein genialer Mittelstürmer oder ein begnadeter Schlagzeuger.

Wenn es die Schule nicht schafft, dass Kinder ihre Stärken kennenlernen und sie zeigen, müssen eben die Eltern mit ran. Wer soll es sonst tun?

Was Sie konkret tun können

- Hadern Sie nicht, sondern bemühen Sie sich, die schulische Misere im Moment als gegeben zu akzeptieren!
- Grämen und schämen Sie sich nicht länger angesichts der schulischen Schwierigkeiten Ihres Kindes! Ihr Kind hat es verdient, dass Sie zu ihm stehen, auch wenn Sie sich nicht im Glanze seines Ruhmes sonnen können. Dies ist vielleicht die besondere Herausforderung, die das Leben Ihnen in der aktuellen Phase stellt.
- Denken Sie bewusst: Es ist keine Kunst, seinem leistungsstarken Kind Wertschätzung entgegen zu bringen, aber es ist eine Leistung, das Gefühl der Wertschätzung auch einem »versagenden« Kind zu vermitteln.
- Richten Sie Ihr Augenmerk ganz bewusst auf die momentanen Interessen Ihres Kindes! Beschäftigen Sie sich mit diesen Interessen und damit mit Ihrem Kind, auch wenn Sie sich eigentlich nicht dafür interessieren! Versuchen Sie so, im Gespräch zu bleiben oder wieder ins Gespräch zu kommen – aber bitte, ohne sich anzubiedern! Natürlich würde Ihr Kind spüren, wenn Sie heucheln, aber es wird es zu schätzen wissen, wenn Sie ihm und seinen Interessen Zuwendung schenken.
- Versuchen Sie, Gesprächssituationen zu schaffen, die nichts, aber auch gar nichts mit der Schule zu tun haben!
- Schaffen Sie vor allen Dingen auch Situationen, in denen es Anlass zur Freude und zum Lachen gibt! Gönnen Sie sich zum Beispiel den Luxus, gemeinsam über einen albernen Film zu lachen und die entspannte Atmosphäre zu genießen!

- Unternehmen Sie, falls Ihr Kind dies zulässt, gemeinsam etwas besonders Schönes, gerade wenn schulisch alles verfahren scheint! Versuchen Sie dabei die Schnittmenge zwischen Ihren und den Interessen Ihres Kindes anzupeilen: Einen Nachmittag auf dem Skaterpark durchzustehen, fällt Ihnen womöglich schwerer, als endlich die Erweiterung des Kaninchengeheges in Angriff zu nehmen.
- Wenn Sie Ihrem Kind Erfolgserlebnisse ermöglichen wollen, fassen Sie auch ins Auge, dass es ...
   ... ab und zu kocht oder backt,
   ... Holz klein macht und/oder aufschichtet,
   ... Pflanzen versorgt,
   ... handwerkliche Tätigkeiten ausübt,
   ... sich um kleine oder alte Menschen kümmert,
   ... Nachbarschaftshilfe leistet
   (gerade das Lob von Familienfremden tut oft sehr gut).
- Ihr Kind steckt womöglich bis zu den Ohren in seinen schulischen Problemen. Bemühen Sie sich, frischen Wind wehen zu lassen! Sei es, indem Sie den Kontakt Ihres Kindes zu Menschen fördern, die nicht in eingefahrenen Bahnen denken und Ihr Kind im Moment womöglich gerade deswegen gut erreichen. Sei es, indem Sie mit Ihrem Kind an einen Ort reisen, der nichts zu tun hat mit konventionellen Familienurlaubszielen. Alles, was dazu angetan scheint, neue, positive Gedanken und Gefühle auszulösen, ist gut.
- Schauen Sie sich gemeinsam mit Ihrem Kind Fotos und Filme aus seiner früheren Kindheit an! Lassen Sie sich und das Kind so wieder Ihre große Liebe spüren, die nichts, aber auch gar nichts mit vorweisbaren Erfolgen zu tun hat! Verzichten Sie dabei bitte auf den vorwurfsvollen Stoßseufzer: »Das waren noch Zeiten!«

- Vermitteln Sie Ihrem Kind so das Gefühl, dass das Leben lebenswert und schön sein kann, auch wenn schulisch der Wurm drin ist!

Was Sie akzeptieren sollten

Ihr Kind ist mit Sicherheit nicht glücklich über die schulischen Probleme, auch wenn es noch so cool und unbewegt wirkt. Gerade in dieser Situation flüchtet es sich – nach außen hin – vielleicht hinter eine Fassade.

- Lassen Sie sich nicht durch Ruppigkeit abschrecken! Sie sind der Erwachsene, Sie müssen der Nachsichtigere sein.
- Verzagen Sie auch nicht, wenn das Kind dicht macht! Wenn Sie ihm eindeutig, aber unaufdringlich zu verstehen geben, dass Sie auf seiner Seite sind, wird es sich auch wieder öffnen.
- Akzeptieren Sie, wenn es sich in seine ganz persönliche Welt zurückzieht, zum Beispiel auch, indem es aufreizend laute Musik hört! Was natürlich nicht heißen soll, dass Sie sich von ihm tyrannisieren lassen.

Keine Panik! – Was ist das Schlimmste, das passieren kann?

Nehmen Sie sich selbst den schrecklichen Druck, die Panik, indem Sie sich ganz bewusst mit der Frage beschäftigen: Was ist das Schlimmste, das schulisch im Moment passieren kann? Vermutlich bewegen sich die Antworten zwischen »Wiederholung der Klasse«, »schulischer Abstieg« und »Abgang von der Schule ohne Abschluss«. Selbst wenn Letzteres der Fall sein sollte: Lassen Sie den Gedanken zu, dass es gerade Ihr Kind sein könnte, das den Abschluss später nachholen wird. Zur Not muss es zunächst eben eine ungelernte Arbeit für wenig Lohn ausüben. Im allerschlimmsten Fall sitzt es ohne Arbeit zu Hause. Dann müssen und können Sie dafür sorgen, dass es die Tage nicht nur am PC oder vorm Fernseher verbringt. Spannen Sie es so richtig ein, lassen Sie sich in häuslichen Dingen von Ihrem Kind entlasten und machen Sie somit auch aus diesem »worst case« etwas Positives!

Da Ihr Kind engagierte Eltern hat und dies auch spürt, wird es vermutlich aber gar nicht so weit kommen. Vielleicht braucht es einfach den Schock der Klassenwiederholung oder des Schulwechsels und wird dadurch wach gerüttelt. Vielleicht muss es einmal spüren, dass es die Konsequenzen seines Tuns oder Nicht-Tuns selbst zu tragen hat. Vielleicht braucht es schlicht eine Hand, die es stützt, bis alles wieder besser wird.

Wenn Sie all diese Schreckensszenarien nicht verdrängen, sondern ganz nüchtern ins Auge fassen, werden Sie nicht umhin kommen zuzugeben: So schlimm ist es auch wieder nicht. Sie werden es dann leichter fertigbringen, nicht ständig dieselben mahnenden Sätze abzuspulen: »Du musst mehr arbeiten.«, »Wenn du die nächste Arbeit auch wieder verhaust, fällst du durch.«, »Du hast wohl den Ernst der Lage nicht kapiert.«, »Wir meinen es doch nur gut mit dir.« Sie werden dann eher die Gelassenheit haben, die Verantwortung an Ihr Kind zurückzugeben. Und da gehört sie letztendlich hin.

Zur Beruhigung: Wie weit die Hilflosigkeit der Eltern angesichts der schulischen Abwärts-Entwicklung ihres Kindes gehen kann, aber auch wie sie diesem Kind dennoch – selbst in einer völlig verfahren wirkenden Situation – helfen können, wenn sie ihm nahe bleiben, beschreibt der folgende Erfahrungsbericht anschaulich.

Wie Eltern mit Schulschwierigkeiten umgehen können

Christopher H., 20, Zivildienstleistender

Zu Beginn der 9. Klasse begann der Gleitflug meiner schulischen Laufbahn. Es war nicht unbedingt Dummheit, die meine Versetzung wieder und wieder gefährdete, es waren vielmehr Faulheit und andere Schwerpunkte, die mein Interesse weckten. Freunde, eine Freundin, und die Naivität, dass ich es auch so schaffen würde, ohne Lernen, ohne Vorbereitung auf den nächsten Tag und erst recht ohne Hausaufgaben. Ich genoss die Zeit, die ich mit meinen Freunden verbrachte und auch das unbeschwerte Leben, das ich führte. Als Belohnung für mein Nichtstun sagten mir die Halbjahreszeugnisse, dass die Versetzung gefährdet sei und meine Nervosität kurz vor den Jahreszeugnissen bestätigte dies. So kam es also, dass ich am Ende der 11. Klasse ein Zeugnis in der Hand hielt, auf dem in großen Buchstaben »Nicht zur Qualifikationsphase zugelassen« stand. Meine Eltern waren seit einiger Zeit darauf vorbereitet gewesen, da sie meinen Gleitflug von der ersten Sekunde an beobachtet hatten. Sie waren darauf gefasst, getroffen hat es sie trotzdem.

Ich musste die 11. Klasse also wiederholen. Genau das, wovor ich immer Angst gehabt hatte, war eingetroffen. Ich ging in die Schule und verbrachte den gesamten Tag mit Menschen, die ich nicht kannte und auch nicht kennenlernen wollte, wobei diese Entscheidung wohl nur eine Trotzreaktion war. Meine Motivation, das Schuljahr zu schaffen, sank von Tag zu Tag. Meine Laune sank mit. Für mich war das der Beginn einer sehr schweren Zeit. Natürlich wollte ich das Schuljahr schaffen, aber nur aus dem Grund, nicht auch noch auf eine andere Schule gehen zu müssen. Hier konnte ich wenigstens die Pausen und Freistunden mit meinen Freunden, die es in die 12. Klasse geschafft hatten, verbringen. Die Einsicht, das Schuljahr schaffen zu müssen, kam – aber leider zu spät. Es mangelte in drei Fächern.

Die Frage war, wie es jetzt weitergehen sollte. Mit meinem Zeugnis der 10. Klasse, meiner Bescheinigung über den Erhalt der Mittleren Reife, konnte ich nicht viel anfangen. Die einzige Möglichkeit war also das Wechseln auf eine Fachoberschule.

Da es für meine Eltern auch eine negative Überraschung war, gerieten sie etwas in Panik, da ich einen Praktikumsplatz brauchte und die Anmeldefrist schon verstrichen war. Mein Vater kümmerte sich um alles. Er füllte die Anmeldungsformulare aus, suchte einen Praktikumsplatz in der Firma eines Bekannten und sorgte dafür, dass sein Sohn eine vernünftige Ausbildung bekam. Ich hingegen interessierte mich kein Stück dafür, obwohl es ja um mich ging. Zu tief noch saß der Schock.

Aus diesem Grund gelang es mir auf der Fachoberschule auch nicht, Fuß zu fassen. Ich war verschlossen und wollte nichts mit meinen neuen Klassenkameraden zu tun haben. Und umso stärker ich mich selber ausgrenzte, umso schwerer fiel es mir Tag für Tag in die Schule zu gehen, bis ich nahezu gar nicht mehr dort zu sehen war. Meine Eltern wussten nichts davon, aber ich war in einen Teufelskreis geraten. Umso länger ich nicht in die Schule ging, desto mehr Angst hatte ich, dort mal wieder aufzutauchen, also tat ich es nicht. Dass das nicht lange gut gehen würde, dass meine Eltern es spätestens durch das Halbjahreszeugnis und die überdurchschnittlich vielen Fehlstunden erfahren würden, dass mein Klassenlehrer meine Eltern sowohl schriftlich als auch telefonisch benachrichtigen würde, das alles war mir zwar klar, aber ich schaffte es, dies zu verdrängen. So konnte ich doch Zeit mit meinen Freunden an der alten Schule verbringen, als hätte sich nie etwas geändert.

Diese Naivität verlor ich an dem Tag, als ich nach Hause kam und einen geöffneten Brief meines Klassenlehrers entdeckte. Ich nahm ihn in die Hand und begann zu lesen. Er beschrieb mein Verhalten, mein Nichtanwesendsein und schloss mit der Frage, ob ich noch Interesse habe, die Schule weiterhin zu besuchen. Er schickte ein bereits ausgefülltes Abmeldeformular mit, ich hätte nur noch meine Unterschrift daruntersetzen müssen.

Das anschließende Gespräch mit meinen Eltern werde ich wohl nie mehr vergessen. Wobei es weniger ein Gespräch als eher die Demonstration ihrer Verzweiflung sein sollte. Zu viel hatten sie wegen mir durchgemacht, zu viel war passiert, was man nicht mehr rückgängig machen konnte. Ich verstand ihre nun eintretende Gleichgültigkeit. Sie waren es leid, alles für mich zu tun und dann doch enttäuscht zu werden. Es lag also nun nur noch an mir. Ob ich wollte oder nicht, ich musste zur Schule gehen, meine Hausaufgaben machen und mich am Unterricht beteiligen, um wenigstens erst mal die Klasse zu schaffen. Das tat ich auch. Zwar war es recht knapp, doch ich schaffte die Versetzung in die 12. Klasse. Es war aber eher ein Wiedergutmachungsversuch meinen Eltern gegenüber als eigenes Interesse, das Jahr zu schaffen.

In der 12. Klasse bekam ich dann endlich die Einsicht, dass ich nur noch dieses eine Jahr schaffen müsste, um mit einem vernünftigen Abschluss einen neuen Teil meines Lebens beginnen zu können. Ich schaffte es, Fuß zu fassen. Zwar ging ich immer noch nicht gerne zur Schule und ab und zu blieb ich doch noch mal zu Hause, aber mit der Zeit merkte ich, dass die 12. Klasse machbar war. Ab diesem Zeitpunkt fing ich an regelmäßig in die Schule zu gehen. Nach und nach kamen auch meine Klassenkameraden auf mich zu und freundeten sich mit mir an.

Im Prinzip hatte ich die gleiche Situation wie auf dem Gymnasium wieder aufgebaut. Ich ging wegen meiner Freunde in die Schule, der Unterricht war nur Nebensache. Der einzige Unterschied war, dass es jetzt auch von den Noten her gut lief. Eine Last fiel von mir ab. Mein Leben gestaltete sich wesentlich leichter, da ich zu Hause einen klaren Kopf hatte und mich nicht ein schlechtes Gewissen wegen der Schule plagte.

Meine Eltern bemerkten diese Veränderung natürlich auch und ich denke, auch ihnen ist ein Stein vom Herzen gefallen. Sie schöpften wieder etwas von der Hoffnung, die sie vor einiger Zeit vollkommen verloren hatten.

Bei den Abschlussprüfungen war ich wohl der Einzige, der ein Grinsen im Gesicht hatte. Zum einen, weil 14 Jahre Schule bald vorbei sein sollten, zum anderen weil ich einen

Eins-Komma-Schnitt erreichen konnte, wenn ich mich nur ein wenig anstrengen würde. Das tat ich auch. Ich beendete meine schulische Laufbahn mit einem Fachabitur von 1,6.

Magische Sätze für Eltern

Vielleicht hilft Ihnen – wie mir – die Magie einiger besonders weiser Sätze. Bei mir hängen ein paar von ihnen übrigens in der Küche. Immer wieder haben sie dazu beigetragen, dass ich die Sache unter einem anderen Blickwinkel gesehen und damit gelassener reagiert habe.

Allen voran der Satz, der mich – nicht nur wenn es die Schule betrifft – schon unzählige Male in schwierigen bis verfahren wirkenden Situationen gestützt hat.

> **Bewahre mich vor dem naiven Glauben, es müsse im Leben alles glatt gehen. Schenke mir die nüchterne Erkenntnis, dass Schwierigkeiten, Niederlagen, Misserfolge, Rückschläge eine selbstverständliche Zugabe zum Leben sind, durch die wir wachsen und reifen.**
>
> *Antoine de Saint-Exupéry, französischer Humanist und Schriftsteller, 1900–1944*

Manch einer mag Saint-Exupérys Erkenntnis in diesem Zusammenhang als Plattitüde abtun, ich bin dennoch der Meinung: Man kann sich den Inhalt gar nicht oft genug bewusst machen. Menschliches Leben rast nun mal nicht ausschließlich auf der Erfolgsspur dahin. Weder im Allgemeinen noch im Speziellen. Es gehört nun mal zum Leben, dass etwas nicht so klappt, wie man sich das vorstellt. Wachsen und reifen – das tun Menschen tatsächlich, indem sie sich Schwierigkeiten stellen. Für Eltern können dies eben auch die schulischen Schwierigkeiten ihrer Kinder sein. Und für die Kinder selbst können die schulischen

Krisen und Abstürze ebenso ein Mittel sein, »in die Höhe zu steigen«, wie es Nietzsche so schön formuliert hat. Wenn Eltern sie dabei nicht noch tiefer hinabstoßen.

Ein weiterer Gedanke, der – nicht nur, aber auch – bei schulischen Abstürzen helfen kann:

Wer weiß, wofür es gut ist!

Wer in der Krise steckt, steckt meist tief und sieht nicht über den Rand der Berge aus Frust und Kummer. Anders gesagt: Dinge, die Menschen rein negativ bewerten, bergen – rückblickend betrachtet – nicht selten auch etwas Positives.

Als endgültig feststand, dass mein Sohn die Klasse wiederholen muss, war ich weit davon entfernt, an das Positive der Situation zu denken. Mittlerweile weiß ich:

Er hat durch das Wiederholen der Klasse und das Wechseln der Schule nicht nur wieder zu sich selbst und einer enormen Leistungsbereitschaft gefunden, sondern auch

- einige sehr, sehr wertvolle Freundschaften an der neuen Schule gewonnen und
- durch einen Schüleraustausch Freundschaft zu einer südamerikanischen Familie geknüpft, die uns allen einen unvergesslichen Ecuador-Urlaub bescherte und auch für mich als Geschenk des Lebens zählt.

Ich kann heute also, ohne mir in die eigene Tasche zu lügen, behaupten: Wäre der Junge nicht durchgefallen, wäre uns viel Schönes entgangen. Was nicht heißen soll, dass ich hiermit ein Plädoyer für das Sitzenbleiben halten möchte. Vermutlich hätte die Krise auch anders, viel sinnvoller, überwunden werden können. Es war nur einfach so, dass unser Sohn in den sauren Apfel beißen musste und dass sich der Apfel an einigen Stellen als durchaus süß entpuppte.

Zu guter Letzt und ganz schlicht:

Es gibt Menschen, die schulkompatibel sind und solche, die es nicht sind.

Akzeptieren Sie diesen Satz! Akzeptieren Sie, dass sich dahinter keine Wertung verbirgt! Schulkompatibel zu sein, ist nicht nur positiv, nicht schulkompatibel zu sein, nicht nur negativ. Dieses Bewusstsein kann Ihnen zahlreiche unerfreuliche Elterngedanken und -gefühle ersparen.

Die Schriftstellerin Astrid Lindgren hat Figuren erschaffen, die man nicht gerade als kompatibel zur Institution »Schule« bezeichnen kann. Allen voran Pippi Langstrumpf, den Prototyp eines selbstbestimmten Mädchens, das sich keinen Autoritäten beugt und – bis auf ein extrem kurzes Intermezzo – gar nicht erst zur Schule geht. Und das sympathische Schlitzohr Michel aus Lönneberga steckt so voller Ideen und Einfälle, er hat so sehr seine eigenen Vorstellungen und seinen eigenen Willen, dass er immer wieder aneckt.

Vielleicht lebt bei Ihnen zu Hause eine kleine Pippi oder ein großer Michel. Vielleicht auch eine ganz andere sympathische Persönlichkeit. Egal, in welche Richtung die mangelnde Schulkompatibilität Ihres Kindes geht, bemühen Sie sich, diese nicht nur negativ zu sehen.

Wenn Sie nicht mehr ständig denken müssen: »Warum ist mein Sohn nur so stinkfaul in der Schule?« oder: »Warum um Himmels willen kommt meine begabte Tochter mit der Schule nicht so spielend zurecht wie das Nachbarsmädchen?«, dann haben Sie den ersten Schritt in die richtige Richtung getan.

Einen Schritt weg von zermürbendem Grübeln, von Verbitterung, von Vorwürfen, von Zerwürfnissen. Und hin zu einem unverkrampfteren Umgang mit der Realität.

Die Quintessenz

Auch wenn man als Eltern eines schlechten Schülers nach Patentrezepten geradezu lechzt – dieses Buch kann und will sie nicht liefern.

Rat à la »Wenn Sie sich ab jetzt so und so verhalten, wird alles gut werden.« gibt es hier also nicht, wohl aber das Wesentliche noch einmal in aller Deutlichkeit:

> 1. Jedes Kind ist anders.
> 2. Schulisches Versagen hat vielerlei Ursachen.
> 3. Wenn sich die Sache zum Besseren wenden soll, müssen 1. und 2. stets im Auge behalten werden.

Nur weil zum Beispiel die Methode »Nachhilfe« beim Nachbarskind gegriffen hat, muss sie dies beim eigenen Kind noch lange nicht tun. Im Gegenteil, gerade diese Methode kann bei Ihrem Kind das Gegenteil bezwecken. Das Nachbarskind hatte womöglich Lücken, die es alleine nicht schließen konnte. Deshalb hat Nachhilfe bei ihm geholfen. Ihr eigenes Kind hat womöglich zurzeit null Bock auf Schule. Deshalb kann Nachhilfe bewirken, dass es völlig in Apathie verfällt, weil es die Verantwortung an den Nachhilfelehrer abgibt.

Nur weil ihnen jemand erzählt, er habe sein Kind »nach oben« gelobt, verspricht diese Methode noch keinen allgemeingültigen Erfolg. Es gibt Kinder, die auf überschwängliches Lob hin aufblühen. Es gibt aber auch solche, die sich entspannt zurücksinken lassen.

Und nur weil Sie selbst damals sich ein Beispiel an Ihrem leistungsstarken Freund genommen haben, muss Ihr Kind dies noch lange nicht tun. Vielleicht wird es gerade durch diesen Freund – bei aller Freundschaft – eingeschüchtert und fühlt sich klein und dumm neben ihm.

Weil es also keine Patentrezepte gibt, hier doch wenigstens das in Kürze, was sich auf alle Schüler anwenden lässt:

- Bemühen Sie sich, Ihr Kind zu sehen!
- Bemühen Sie sich, es als Ganzes zu sehen und nicht nur als Schüler!
- Legen Sie das Hauptaugenmerk darauf, dieses Kind zu stärken!
- Bemühen Sie sich nach Kräften darum, es nicht zusätzlich zum schulischen Misserfolg zu schwächen, indem Sie Schreckensszenarien bezüglich seiner Zukunft entwerfen!
- Trauen Sie ihm etwas zu, auch wenn der Erfolg länger als erhofft auf sich warten lässt!
- Vertrauen Sie darauf, dass bessere Zeiten kommen werden!
- Machen Sie sich bewusst, dass diese Zeiten eher kommen werden, wenn Ihr Kind selbstgesteuert lernt als unter Ihrem steten Druck!
- Bleiben Sie nervenstark, auch wenn es lange dauert, bis Ihr Kind auf selbstgesteuertes Arbeiten »umgestiegen« ist!
- Versuchen Sie, auf Reaktionen wie Schimpfen und Strafen zu verzichten!
- Nehmen Sie es sich selbst aber nicht allzu übel, wenn Sie gelegentlich ins alte Muster verfallen! Kinder und

Jugendliche verstehen meist sehr gut, warum Papa oder Mama ausrasten, auch wenn sie dies nicht zeigen.
- Seien Sie sich bewusst, dass Sie nicht immer sofort reagieren müssen, wenn Ihr Kind eine neue schulische Hiobsbotschaft mit nach Hause bringt! Sie dürfen Luft holen, eine Auszeit nehmen, aus dem Zimmer gehen ...
- Bemühen Sie sich, soweit möglich, mit den Lehrern gemeinsam das Beste für Ihr Kind zu erreichen!
- Fassen Sie durchaus ins Auge, Ihr Kind die Klasse oder die Schule wechseln zu lassen, wenn Sie begründete Hoffnung haben, dass dadurch die Weichen besser gestellt werden!
- Scheuen Sie sich nicht, auch mal hart und konsequent zu sein! Es ist für das Kind beruhigend, wenn die eigenen Eltern nicht wie schwache Fähnchen im Winde wirken.
- Zeigen Sie Ihrem Kind seine Grenzen auf, aber machen Sie es nicht klein!

Das Allerwichtigste:
  Bleiben Sie Ihrem Kind nahe, egal wie heftig das schulische Versagen ausfällt!

> **Behandle die Menschen so, als wären sie, was sie sein sollten, und du hilfst ihnen, zu werden, was sie sein können.**
>
> *Johann Wolfgang Goethe, 1749–1832*

Dank

An dieser Stelle ein besonders herzliches Dankeschön:

- all den Menschen, die mir offen von ihren eigenen oder den Schulschwierigkeiten ihrer Kinder erzählt haben,
- meinem Mann, der mir das ganze Buchprojekt über beratend zur Seite stand, Espresso reichte und bei Wortfindungsproblemen half,
- Edgar Donner, der mich so großzügig an seinen Gedanken zum Thema »Schule« teilhaben ließ,
- meiner Kösel-Lektorin Katrin Fischotter, die dem Manuskript mit Schwung und guter Laune den letzten Schliff verpasst hat,
- Astrid, die wie immer gelesen, gelesen und gelesen hat
- und nicht zuletzt meinen Kindern, die mich – jedes auf seine Art – immer wieder zum Nachdenken über »Schule« brachten.

Literatur

Ariès, Philippe: *Geschichte der Kindheit*, dtv 2000

Bauer, Joachim: *Lob der Schule – Sieben Perspektiven für Schüler, Lehrer und Eltern*, Hoffmann und Campe 2007

Brosche, Heidemarie: *Nervenprobe Pubertät – Wie Eltern sie bestehen können*, Atlantis Verlag 2004

Carstensen, Richard: *Als Hans noch Hänschen war – Heiteres aus der Kindheit berühmter Leute*, Bechtle 1958

Donner, Edgar: *Gedanken zu meiner Schul- und Seminarzeit*, bisher unveröffentlicht 2007

Gießler, Christof / Warter, Hubert: *Geniale Querköpfe. Träumer, Schulschwänzer und Genies*, moses. Verlag 2007

Hüther, Gerald: *Bedienungsanleitung für ein menschliches Gehirn*, Vandenhoeck & Ruprecht, 6. Aufl. 2006

Hüther, Gerald / Prekop, Jirina: *Auf Schatzsuche bei unseren Kindern*, Kösel-Verlag, 3. Aufl. 2007

Juul, Jesper: *Nein aus Liebe. Klare Eltern – starke Kinder*, Kösel-Verlag 2008

Juul, Jesper: *Die kompetente Familie. Neue Wege in der Erziehung*, Kösel-Verlag, 2. Aufl. 2007

Kahl, Reinhard: *Treibhäuser der Zukunft – Wie in Deutschland Schulen gelingen*, Beltz 2004. DVD: 3. Aufl. 2006

Krafft, Thomas von / Semke, Edwin: *Der große Begabungstest*, moses. Verlag 2002

Pleticha, Heinrich: *Ihnen ging es auch nicht besser – Schule und Schüler in vier Jahrtausenden*, Arena 1965

Pörtner, Rudolf (Hrsg.): *Mein Elternhaus – Ein deutsches Familienalbum*, dtv 1986

Prekop, Jirina: *Einfühlung oder Die Intelligenz des Herzens*, Kösel-Verlag 2002

Quak, Udo (Hrsg.): *Schüler-Bilder – Literarische und historische Fundstücke*, Cornelsen 2007

Prause, Gerhard: *Genies in der Schule – Legende und Wahrheit über den Erfolg im Leben*, Econ 1989

Riegel, Enja: *Schule kann gelingen! – Wie unsere Kinder wirklich fürs Leben lernen*, S. Fischer, 4. Aufl. 2005

Rutschky, Katharina: *Deutsche Kinder-Chronik – 400 Jahre Kindheitsgeschichte*, Parkland 2003

Singer, Kurt: *Die Würde des Schülers ist antastbar – Vom Alltag in *unseren Schulen – und wie wir ihn verändern können*, Rowohlt 1998

Spitzer, Manfred: *Lernen – Gehirnforschung und die Schule des Lebens*, Spektrum 2006

Stein, Arnd: *Das neue Rechtschreibspiel*, Kösel-Verlag 2008

Stöbener, Dorothée (Hrsg.): *Meine Lehrjahre – Prominente plaudern aus der Schule*, Aufbau Tb 2002

Urech, Christian: *Schräge Typen? – Biografien jenseits der Norm*, Atlantis 2002

Wössmann, Ludger: *Letzte Chance für gute Schulen*, Zabert Sandmann Verlag 2007

Empfehlenswertes zum Thema

Artikel

Der Klassenkasper, DIE ZEIT, 19/2000

Die beste Hilfe ist gar keine Hilfe, DIE ZEIT 43/2005

Selbsterkenntnis: Wie bin ich? Psychologie Heute 4/2006

Die Not der Jungs, Süddeutsche Zeitung vom 29. November 2006

Zum Lernen braucht man Selbstvertrauen, Süddeutsche Zeitung vom 15. März 2007

Burnout bei Kindern, Süddeutsche Zeitung vom 19. März 2007

Griff in die Familienkasse, Süddeutsche Zeitung vom 10. April 2007

Dumm und reich – IQ kein Garant für Wohlstand, Süddeutsche Zeitung, 26. April 2007

Auf die Barrikaden, bitte! Brigitte 11/2007

Wenn Verlierer Ehrenrunden drehen, Süddeutsche Zeitung, 21. Juni 2007

Sitzen geblieben! Süddeutsche Zeitung, 21. Juni 2007

Wir brauchen Aufgaben, an denen wir wachsen, emotion, Juli 2007

Hirnforscher: An Schulen wird falsch gelernt, Augsburger Allgemeine vom 22. Oktober 2007

Keine Chance für Angeber, Süddeutsche Zeitung vom 17./18. November 2007

Zu viel Wegwerf-Wissen, Süddeutsche Zeitung vom 11. Februar 2008

„Wir produzieren gehorsame Auswendiglerner", Süddeutsche Zeitung, 10. März 2008

Dossier »Schule«, Brigitte 7/2008

Online-Artikel

It is not important that you win, it is important how you win. Prof. Dr. Penninger im Interview mit life-science.at, http://www.life-science.at/karriere/experten/interview-penninger1.php

Schulqualität oder: Lob des Fehlers von Reinhard Stähling, http://reinhard-staehling.de/html/grundschulverband2.htm

Sitzengeblieben und trotzdem berühmt, http://www.wdr.de/online/news/zeugnis/promis.phtml, vom 29. Juni 2001

Studien, Sendungen und Websites

Beteiligung von Kindern, Kinderpolitisches Symposium des Bayerischen Jugendrings vom 25. bis 26. Februar 1999

Das Online-Familienhandbuch, http://www.familienhandbuch.de

Hirnforschung für jeden, Otto-von-Guericke-Universität Magdeburg, Institut für Biologie, http://www.uni-magdeburg.de/bio/hirnforschung.htm

Horst Ludwig Störmer, http://de.wikipedia.org/wiki/Horst_Ludwig_St%C3%B6rmer

LBS-Kinderbarometer Deutschland 2007, http://www.prosoz.de/fileadmin/redaktion/prokids/pdf/KinderbarometerDeutschland2007.pdf

netSCHOOL, Schule für ganzheitliches und vernetztes Lernen, http://www.netschool.de/homepage.htm

ServiceZeit Familie, WDR 20. Juni 2001

Newsletter und Foren

Schulstress 2008 – was hilft unseren Kindern? Brigitte-Dossiertalk, http://www.brigitte.de/foren/showthread.html?t=82905

Newsletter des Transferzentrums für Neurowissenschaften und Lernen ZNL Ulm, http://www.znl-ulm.de/html/newsletter.html

WIN-Future, Netzwerk von Prof. Dr. Gerald Hüther und Dr. Karl Gebauer, http://www.win-future.de

Schule und Familie, Community für Eltern von Schulkindern, http://www.schule-und-familie.de/magazin.html